地藏菩薩本願經

修學心要集

妙禮法師 著

佛與眾生的差別也是一念之間。
這一念就是世界觀的認知，
方向對了，成佛了生死，直達目的地。
方向錯了，迂曲輪迴受苦，無有休止。

C O N T E N T S

CONTENTS

第一部

「如來之道　修法心要」

1. 大寂靜

宇宙，是個亙古常新的詞語，亦是個說不盡的話題。

它最深刻的隱義便是時空。

芸芸眾生都是茫然四散在時空瀑流裡的過客，從出生即奔向死亡。在有限的生命裡，被動或者主動地探尋、追求，直至幻滅，像個不斷抽動的陀螺般，片刻不能停歇。

熵增定律主導下的無序和湮滅，終究不會因為這些塵埃的逆流溯上，或者歸然不動而戛然終止。

這是生的痛苦。

在物理學家乃至生物學家眼裡，智慧生物在這個時空裡一定出現過很多次了，漫長時間的堆砌中，一定有更高的文明對這個浩渺的宇宙時空有極致的研度。

依照他們的推論，宇宙應該是擁擠而熱鬧的，但事實卻與此相反，座落在波多黎各最大的射電望遠鏡陣列跨越了一個世紀，不斷在接收遠在光年之外的宇宙微波背景與電磁波，希冀可以和地外文明溝通，但除了收到令人不安的寂靜以外，依然一無所獲。

失落過後，一些先進學者自然地將目光放在了我們的鄰居：那些隨處可見的其他物種身上。

哈佛大學的愛琳‧裴珀博士就是其中一位，作為一位動物行為研究專家，他大膽地推論，動物的智慧理性來自於它所處的

環境反應，而不是它的物種決定的。

為此裴珀博士進行了一個名叫鳥類語言實驗的計畫，一隻名叫「ALEX」（阿歷克斯）的非洲灰鸚鵡被她幸運地選中，在博士的教導下，阿歷克斯懂得了一百五十個英文單詞的意思，並且可以用英文描述五十種物體的名字，乃至他們的形狀和顏色。

人類一直以來傾向於自己的獨一無二，但博士用一系列不可辯駁的事實，證明了阿歷克斯可以理解那些意識形態裡的抽象概念，即最終達到能與人類做交流和對話。

阿歷克斯的出現，否定了動物只會無意義學舌的看法與偏見，它的種族已經與我們共同生活了千年之久，而我們最近才想起來動物是否也可能擁有智慧，就在它們也快要與這個宇宙一般沉默不語的時候。

其實真正去理解與自己迥異的行為並不是件容易的事，所以光憑射電望遠鏡豎起的耳朵，怎能聽懂數百萬光年外的聲音？

阿歷克斯沒有多久就死了，在我們還沒有能力進一步去探究它更多的可能性時。在它臨終的那一晚，它給飼養員留下了一句短語，「You be good，I love you!」，「你保重，我愛你！」

阿歷克斯的離開，讓那些俯瞰宇宙的人有了更多猜想，如果無盡的時空是一個浩瀚的大海，那適宜智慧生命居住的星球，會否就是浮在這個大海上一個個零星的孤島，而這些孤島上的居民對彼此來說是如此的遙遠和寂靜，以至於無法向其他島上的智慧生命問候，那是多麼的令人遺憾和沮喪。

最終是否它們也會像無數未被發現的阿歷克斯那樣，在自然演變的過程中，悄悄地產生，沉默地離開。

如果這個大過濾理論是正確的，可以肯定宇宙就是一個孤

單的、沒有回音的世界，這實際上對於人類而言是一個不小的打擊，就像被困在一座孤島上，而那無聲的宇宙和夜空也許就是一片墳場，我們終將會歸於塵埃和寂靜。

而事實真的會是這樣絕望嗎？先驅太空理論家和科幻作家們並不認為這是一個唯一好的解釋。

他們認為有一種生物原始的思維角度在作祟，當一個文明不能判斷對方是否具有善意時，最好的辦好就是隱藏自己或者消滅它們。在他們看來生存才是一切的根本，而交流一定會暴露自己，暴露在任何其他文明底下都意味著一定概率的危險和毀滅。

所以嚴謹地分析推測之後，宇宙就是一座漆黑的森林，裡面每個文明都是帶槍的獵人，如果發現了別的生命，最好的消除威脅的方式便是，朝他開一槍。

藏好自己，做好清理，這種黑暗森林法則不僅是他們所信奉的真理，其實也漸漸會變成了一種頗有爭議的觀點進而令人無法忽視，因它遵循著生命發展史的本能層面，也讓這片夜空充滿了更多的冒險與遐想，哪怕這會否只是一廂情願也無關緊要。

相較這些最前沿的先進理念，宗教這一邊卻安穩而持續的進行它們的布教，秉持著高維智慧生物創造論的大旗，顯得依舊經典而神秘。

這源於人在命運際會的現實世界裡往往身不由己，各種不可預控的人事環境充滿變數和挑戰，而人在其中能參與的部分往往顯得太過無力，這著實會讓人聯想到是否冥冥中真有一股主宰的力量，在控制著每個人的宿命？

哪怕是沒有宗教信仰的人，在有一定生活閱歷之後回頭再看自己的生活，往往也會陷入沉思，生命這場後勁十足的現實敘

事邏輯，好像有一隻無形的大手使勁攮著自己往前走，如牽線木偶那般無法隨意掙脫。而每一個被上了枷鎖的靈魂只要有了這樣的猜想，那便是一切主宰論的源泉與萌芽之地。即由感性去相信神的存在，接受神的意志，從而淨化自己的原罪，從中感受命運的多舛與救贖，乃至天堂與地獄存在的可能。

從一個完全理性旁觀者的角度，宗教是一個永遠都不能或缺的思想理論體系。因為徜徉在非理性虛幻空間中的靈性，會否是生命的另一種敘事方式，這是誰都不能簡單論斷的。而高維智慧生命又是一種怎樣的存在，宇宙是否只是神的一個實驗室，那塊魔術師的幕布在未被揭開以前，宗教對宇宙人生的古老解釋依然會煥發新的活力。

回到原點，事情似乎更複雜了。眼看宇宙依然寂靜地窺視著地球和我們，依照它自己的節奏，無聲地表達著所有它想表達的一切。也許，是思考者自己把問題複雜化了。

現在至少有一件事是肯定的，那便是真理必定是存在的，萬事萬物的合理運作就證明了它的存在，沒有它也不會有現在的我們。存在必定符合這一個亙古不變的道理，同時它也涵蓋了一切我們所創造的科學、哲學、宗教，無所不包。

正因為它能給出所有事物合理地解釋，所以它不能被任何一個概念所定義，而強行的定義往往就意味著局限與盲點。

這樣不由思維去做定義，即是禪的定義。

如果用這樣的理論去定義和解析時空，那時空毫無疑問就變成了人類認知方式中最大的盲點。或者換句話說，從禪者的角度來看，最大的幻覺其實就是時空，因時間和空間是相互交涉才能

成就的，兩者互涉才能形成時空座標的意識形態，即我是誰，宇宙是什麼，命運乃至生死等等，再借由語言文字把它結構組織出來，由此形成了一切事物的根源。

夜空裡一片無限寂靜，或許是生命沒有設定認知方式前的本來面目，或者，我們也如那片深藍色無盡的時空一般，本來寂靜，本來無限。

這從無到有的過程中，對一切事物的探討，即是佛教的思想，而禪即是佛的心。

這是一切問題的重點，即禪沒有否定任何思想體系與人類生活的價值，禪只是提出了我們思考真理的方式，而真正要接近真理，所謂佛家提出的實相般若這個概念，必定不是用邏輯思維推理，或者用科學演繹法就能到達的。

這個問題，佛陀在《金剛經》上給了我們一個著名的詮釋和啟迪。

「離一切相，即名諸佛。」

宇宙的定義可以有無限種，而離開所有的自我認知呈現出來的狀態，佛說才會令我們看見真相，而更加不可思議的是，那時的我們也會在真相中，全息而一體，這種現量境界，即是佛家認為的宇宙真相，即一真法界。

「一」是個很微妙的概念，古往今來，它往往被賦予了很多的意義。

在術數領域，它是一個重要的參數標竿，在哲學範疇內，它成了對立與統一的矛盾體。在神學的啟示裡，它是創造萬物的源泉。而在國人的闡釋中，「一」，又成為了玄之又玄的眾妙之門。

　　天地大道始於一，出生於一，但道本身無形無相，似乎它介於有與無之間，卻又表達著某種能量的互化。天人合一，一生萬物，遁去的一，這些詞的誕生本身伴隨著某種形而上的悖論，成為樸素辯證法的老祖宗。

　　回到之前佛陀所闡述的法則，可以這樣做出假設，如果每個人將自己的思想與念頭臻至化一，是否就能找到宇宙的起源，或者解開所有一切問題的答案？

　　不置可否，這個問題本身是開放式的，或者可以換個思路，既然是形而上的道主導了形而下的一切，而身處形而下的我們是否應該通過某種改變來與之銜接，即可得之一的狀態。反之，即會迷失在它的變化之中，找不到出路。

　　既然是猜想，自然會有不認可的聲音，這是極其正常的想法，其實這正是「一」所賦予的能力，即無限的變化與可能。從這裡走下去必定是一條分叉路，有相當多人希冀通過瞭解外在事物的價值，用種種推理，演繹，歸納的方法去尋找那唯一的真實。

　　顯然，他們還在路上。

　　分岔路的另一頭是修道者，他們相信通過改變自身錯誤的行為、念頭以及想法和狀態，既而便可領悟和證入實相。宗教的神秘性質由此誕生，他們雖然遠離了普通人的生活，就像禪定、冥想、禱告這些詞語那般，帶著某些令人懷疑與未知的色彩。如果換個角度，如果將它們的生活方式看做是進入「一」的途徑與方式，那他們的行為有些魔幻主義反而是合乎這個標準。

　　承接以上的假設，這裡便可順勢推導一下，「一」的狀態或許就是萬法的本性源頭，繼而萬物與我本來不可割捨，一旦分

裂就違背了它的意志，在一個堅定的修道者眼裡，背離「一」代表著不幸、痛苦、原罪、災難，以及未知的遭遇。恰恰自我私欲的產生便是所有分裂的開始，即罪魁禍首。爲此他們劃出了標記，對傷害，背叛，算計，惱怒，憤恨，貪婪，嫉妒，這些屬性的詞語統統畫上了紅叉，因爲這些正是背道而馳所產生的原罪。

於此做出的割捨，即是捍衛「一」的存在屬性，即博愛，仁慈，同情，忍耐，善意，以及一切與這些眞善美慧相關的事物。這是主流宗教所提倡的普遍通行的價值觀。

可是這裡就會出現一個禁忌。

當一些人無法抉擇契入「一」或者悖離「一」哪個更明智時，他們的是非善惡觀念就無法眞正建立。甚至一些好辯者會提出反問，既然好與壞、善與惡、慈悲與暴力，這些都是基於獨立個體與他息息相關的生命族群而建立的意識形態，而「一」的絕對眞理層面畢竟超越這些相對的抽象概念，如此聖人惡人同一出處，人生充滿了荒謬和虛幻，那豈非不必懼怕末日審判，或者因果報應？

這是人類在思考眞理時一定會出現的疑惑。這個「一」是否有著它自己的賞罰機制與行動模式？而我們又如何去體認和得知這種行動規律？

流傳在生物生命學科內部，有一條關於神之禁令的預言，或許對於解答這個問題有些幫助。

這些研究者發現，在人類每個DNA的20號染色體上，都有一個叫做PRNP的基因，而這個基因的存在，便是用來抵抗一種叫做朊毒體的蛋白質。說朊毒體其實是偏頗的，其實它就是構成碳基生命最基本的元素，即我們本身再正常不過的一團蛋白質，

但它卻是最危險的一種病毒。

這種命名為朊毒體的蛋白質，會攻擊受感染物種的大腦和神經中樞，讓其無法控制自己的身體，既而由一個變異的神經中樞所接管，患者最終會變得智商低下，身體不受控制，而且一旦確診便百分百致死，醫學上將它稱為克雅二氏病，即駭人聽聞的瘋牛病。

因為朊毒體超越了人類對生命的理解，所以針對它所研發的藥物都是無效的，包括我們的免疫系統，也會對這種非生命體隨意放行，只要有蛋白質存在的地方，就會有它的容身之所，甚至它還會在其他病毒體上寄居。

值得慶倖的是，這種對人類威脅巨大的病毒不會自己爆發，目前已知的爆發原因只有一種，那便是同類相食。傳言這即是神頒佈的禁令，如果一旦有物種越過了紅線，朊毒體就會大規模爆發傳染。

瘋牛病最後的研究表明，一些企圖降低成本的商家為了節省蛋白質飼料，直接將死牛加工成食物餵給正常的活牛，最終引起了這場災難性的病毒流行。

這寫在20號染色體上的抵抗基因，是否真的是生物界乃至整個宇宙給我們的預示或者警告？或者上一次的朊毒體爆發，正是因為我們的祖先和原始人同類相食所導致的結果？而存活下來的物種因為杜絕了這種反生物的習慣，所以才僥倖存活？這個答案或許我們還不得而知。

但正是這個禁忌的猜想，才讓更多人願意去建立一種好的信仰，並對反生物的行為發自內心的產生厭惡，從而克制生物那與生俱來的破壞和毀滅欲，建立一個良性的生命生存構架，最終

從內心達到與萬物和諧相處，正所謂回歸「一」的狀態。

這是一種理想的狀態，剩下唯一要解決的問題，就是到達「一」之後會發生些什麼。抵達了所謂的一真法界，於萬物有情又是什麼樣的一種境況，這畢竟關係著信仰的可行性乃至持久性，甚至於每一個靈魂都具有迫切性。

而佛家的智慧，見仁見智，都是一種非常具有價值與說服力的觀點。同時作為世界主流宗教之一，將會繼續成為人類文明發光發熱的原動力。

佛陀認為，宇宙法界的唯一真實，此「一」即是一切，即此即彼，此與彼無能分、無可分，只是橫看成嶺，側看成峰之差別相而已。就像本來絕對不可分別的東西一旦有了分別，就成了「能知與所知」的二分法，活在二分法裡就永遠回不去絕對的真實之中，而恰恰所有概念性的認知都是我們分別法所成就的，也就說明了思維意識永遠抵達不了實相。

由此也可得出一系列對於宇宙法界的真實推斷，這個「一」只能現量證得，而不能用做任何抽象概念的設定，就像佛家核心義理所詮釋的，「此法界，即染即淨，染淨不二。即因即果，因果同時。即同即異，同異一相。即一即多，一多相容。即廣即狹，廣狹無礙。乃至如《華嚴經》云：森羅及萬象，一法之所印也」。

可以想像，若能領悟此一實相心印，便能從生滅變化的此岸，到達不生不滅的彼岸，即超越意識形態的廣狹相對的時空，達至涅槃一真，亙古一念的妙諦。

說的再更嚴重一點，在一個證得一真法界的人眼裡，生死的此岸就是涅槃的彼岸，地獄也好天宮也罷，皆為淨土，有情生

物或者無情礦物植物，同一妙圓種智，一切障礙都是眞善美慧，畢竟解脫。整個法界沒有一法不圓滿。

　　如果眞的有證入此境界的聖人，他們於我們這些還在迷失的人會是怎樣的心境？如果可以彼此交流，那從宇宙深處傳來，從射電望遠鏡裡傳來的，也許會是那六個字，

　　「你保重，我愛你。」

2. 入佛知見

　　世間人談起佛教問題，多數認為這是一種怪力亂神的迷信玄學，它的作用莫非就是勸人為善而已，也有人認為佛教的一套理論不能與現實人生相結合，空談無補何必學它。這些有失偏頗的成見看法，往往占了主導地位，讓很多人於佛法不得其門而入，更多的大眾只是關注佛教流於燒香拜佛的表面形式，於其實際生活中建立真正的信仰價值觀還相去甚遠。

　　這就造成了大眾對於佛教有很深的誤解，佛陀若是只注重供奉香火宣揚封建迷信，那兩千多年來憑著國人的智慧，早該將其匿跡於歷史之塵埃角落中，而非歷朝歷代生生不息。

　　佛教最為「科學」的一面，便是希望大眾能真正走進它，全面客觀理性地去思維它的義理，切不是只憑著主觀見來一個盲目的評斷，這樣不但失去瞭解宇宙人生的根本真理，同時也不是一個求知求真，敏而好學應有的態度取向。

　　佛法究竟是怎麼一回事？要瞭解這個問題，首先就要先審視一下人類生存的根本性質。人們在社會的大背景下，一切的活動都以經濟為基礎。建築在經濟之上的，便有政治、法律、文化、藝術等方方面面，在這些物質生活的層面之外，人生是否還有其他的意義和價值？我這個人，究竟生從何來，死往何去，而所謂的「我」又究竟是誰？

　　這些問題，其實也是佛陀出現於世的根本目的，即欲令眾

生入佛知見。這裡首先需要關注的是，我們生活的這個世界，到底是一個什麼樣的世界？

眾所周知，任何宗教看這個世間，都帶有幾分悲觀的色彩，都認為這是一個有缺憾、不完美的世界。佛教亦不例外。佛陀最初在宣講（苦集滅道）四諦法的時候，明確提到這個世界名為娑婆，八苦充滿其間，眾生堪忍，這就是一個險惡環生，猶如火宅的世界。

但其本質上來說，物質世界是不能用好壞善惡去定義的，這些器世界是否莊嚴美好，完全是生活在其中的眾生心念行為所感應而顯現的。據佛典上記載，在娑婆的東方和西方時空裡，都有著非常清淨莊嚴的世界存在，這和那裡的眾生心念寂靜恒然有關係。

相較之下，我們這個世界苦的根源，即是來自內心的煩惱熾盛，人生數十年光陰，無時不在煩惱之中，或生活壓迫，或病骨支離，或親人離去，或怨憎相會，蓋人事無盡，煩惱亦無盡，然依佛陀之言，煩惱在心而不在境，愚者妄自轉境，智者安自轉心，古來很多聖賢亦常勸慰世人，少欲知足者畢竟自樂，有樂，常樂。

這與現世人生的苦形成了對應的關係。很多人以為擁有的多、佔有的多就應該幸福快樂，從這裡看，人心若是不懂知足，根本就沒有快樂可言。

再從廣義上講，佛陀宣說的苦諦，並不僅僅局限生老病死以及人性缺陷而造成的悲劇，放眼更高的角度審視，我們所處的時空，更是一種前前無始、後後無終這樣無限的輪轉狀態，所有的大千世界都在成、住、壞、空的過程裡遷流變幻，沒有片刻靜

止，這種無常的變幻亦是一種苦。

宇宙間的事物生命，包括一切客觀的物質現象和主觀的思想現象，從微塵到世界，從活體細胞質結構到人，從感受到認識，任其感性或者理性，都無時無刻在運動流轉、生滅變化中。我們所接觸的一切現實，不過是一切變遷流動現象的總和。同時在這複雜的變化過程中，每一事物的生滅代謝，都和它周圍的一切相互羈絆，從而發生息息相關，林林總總的因果連續性關係。

這種宇宙萬有、生滅變化、互相連結的總規律，佛陀稱之爲「因緣（各種條件）所生法」，既然是因緣而起，就不免敗壞，繼而認識萬法首先就是認識到它的敗壞相。這即是人生的「生老病死」，世界的「成住壞空」，思想的「生住異滅」，這一系列的發生，展開在佛法中歸納總稱爲「諸行無常」。

「行」就是造作轉化的意思，一切因緣成就的現象，正因爲是暫有的、是無常的，所以又說是虛妄的，「凡所有相，皆是虛妄」，不過雖然虛妄，卻並不是沒有，幻想宛然，客觀的存在，前滅後生，相續不斷，所以佛法只講變滅，而從不說斷滅（人死如燈滅即是斷滅見，《金剛經》上強調於法不說斷滅相），這種無始無終的運動變化，生滅代謝，因果相續，遷流不停的情況，便是佛法對於宇宙人生一切現象所說的眞理。

但無奈的是，活在這樣無常的世界裡，我們並沒有絲毫察覺，這美輪美奐的世界看上去充滿了各種誘惑與機遇，在無盡欲望的驅使下，身在其中的我們被名聞利養，權利金錢所包圍，若是能擁有人人渴望的人生，恣情玩樂，享受成功的喜悅，以及全世界簇擁的滿足感，那講苦，講虛妄無常，實在太消極了。

況且人只有在遇到天災人禍時，才會生起絕望的想法，正

常生活中遭遇的那些磨難也好、挫折也罷，並不足以讓人生起厭離或者修道之心。

就像身為佛陀代言人的僧侶沙門，在外都會讓人覺得，你好端端的為什麼出家？這是受了什麼打擊？說出家是為解決生死，說本身這個世界是無常的，是不穩固長久的，那我們人類還怎麼發展，都出家了還怎麼傳宗接代，社會還怎麼發展經濟，還怎麼規劃？

從這裡演繹開去，那就無休止了。畢竟每個靈性的機緣不同，若是不能領悟一些生活中「苦諦」的內涵，或者對真理的探尋與熱忱，修道是無從談起的。再者，宇宙間的一切事物都是生滅不停的假相，可是我們習慣了把自己的身體當成是堅固的存在，如果這個肉體是我，肉體是由細胞組成的，每個細胞又是氫，氧，鐵，碳，鈣，磷，鎂，碘等各種微量元素的合成，終不見得每個元素都是我吧，哪裡來這許多的我？

若說思想是我，思想是念念差異、時時生滅不息的。此刻前念是我，前念已滅，說後念是我，後念還未生，至於現在當下這一念，也是剎那變滅。因此從過去，現在，未來三際去推求，這個我一樣是不可得。所以佛陀又講「諸法無我」，在一切物質現象和精神現象中，任憑你怎樣去找尋，畢竟是無我可得。

在這樣的事實真相下，我們的心性外惑於境，內迷於見，因此妄想顛倒，指鹿為馬，侵佔非我，攻擊異己，這樣的迷惑所引起的身口意活動力量，在佛法中叫做業力，由此力量相續成生命之流，這種內心翻湧的感覺，皆是自心分別造作而來的惑業，譬如心不怨憎，哪裡會有冤家相會的苦，心不貪戀，哪裡有患得患失的苦，乃至於心不造業，也就沒有生死流轉的苦，這即是因

惑造業，因業受苦。

佛陀由此開始給我們眾生提點，讓我們應從知苦的角度出發，打破自己對於世間一切現象的主觀偏執成見，破迷開悟，塑造活潑、積極、圓滿、平等的宇宙人生觀，打開心量，做自利利他的事業，慈悲服務眾生。這對於所有在家人來說是相當有必要的，去建立一種純淨的信仰，以及過一些具有宗教內容的生活，對促進人心淨化，社會普遍的和諧性，具有非常廣泛的社會價值。

何況真正人心不安、煩惱熾盛的根本原因，還是來自於對生命系統的迷惑與一無所知。這種原始的蒙昧，讓多少人飽嚐冤枉的無知之苦，換句話說，一個人不去瞭解生命的真相，生命對他來講或許就是一種變相的懲罰。

這裡有必要提到佛教基本的生命世界觀，即所謂的「三界」（欲界，色界，無色界），與「六道」（天道，人道，修羅道，餓鬼道，畜生道，地獄道），這是基於一切迷妄有情在生命輪轉中的客觀變化所呈現的狀態，是佛陀從生命的輪迴方向中總結出來的事實與規律。

這方面是極其容易被曲解甚至誤解的，因為輪迴這種看似迷信的說法，向來都是普通人想要學佛建立信仰的攔路虎，若非是一些資質極高的信眾，因其在佛學思想上有過人的悟性和造詣，當下就能明白所謂「三界六道」的變化乃是從心性源頭「一」顯現的萬有，那就很難契入甚深的法義，乃至相應。

理上雖是這麼說，生死輪迴的反面就是法界一真的永恆涅槃，所謂萬法一如，一即一切，心，佛，眾生平等的華嚴境界。但將信將疑者也不在少數，畢竟世人最容易掉入烏托邦的幻想和

陷阱之中，這個所謂永恆的「一」，莫不是佛陀給我們的空頭支票，想必持此疑問者大有人在。

那麼如何去體會這萬法的本性和源頭呢？就像是所有一切生生不息的總開關，它到底是否真實存在？這個所謂的佛性，於人於己到底又是一種什麼樣的狀態。

這就必須談到佛法中的核心義理，即性與相的終極關係。所謂性，也就是本性、真如、實相、本來面目，這些佛法中的名相都是指萬法的體性，就像一切用黃金打造的戒指、項鍊等金器，他們的體性就是同一純金，而顯現的相卻各個不同，戒指有戒指的相，手鏈有手鏈的相，這是差別相，雖然看似不同，其實從體性上就是黃金，就是相融相攝的關係。

由此即彼，萬法與我們的關係也是如此，雖然各個顯現無量的差別相，但是從體性上看就是一回事，萬物本來與我同體，站在這個層面，我們才可以說一切眾生皆有佛性，皆可成佛，乃至眾生平等，生佛平等。

所以一旦迷失在萬相當中，黃金可以變成戒指，手鐲，項鍊，乃至馬桶，但如果悟了，法法皆是真如實相，這就是所謂的開悟。而我們凡夫習慣了在永恆中分別每一個剎那，而見到真相的聖者，就是在每一個剎那中見到永恆的實相。在生命當下的每一個動點之上，迷或者悟，輪迴還是涅槃，其實就取決於我們這顆心。

再者，眾生的體性猶如摩尼寶珠的譬喻，摩尼珠本來純淨無色，當紅光來照時，全珠便顯現紅色，綠光來照時，通體便呈映綠色，然雖百千萬億色相疊加寶珠之上，卻無法損害此珠原本無色的性質。禪宗就是從這一點上入手，直指人心，見性成佛。

所謂「空此一念便成佛，執此一念便成魔」，便來源於此。

這是佛教至高無上的核心教法，是總持陀羅尼（心法），也稱頓悟之法。然雖有不少人能掌握其核心之義，但同時我們也必須要瞭解廣泛世界的普遍眞理，也就是物理世界眞實存在的「三界六道是怎麼一回事」？這對於我們自身存在的意義與價值，乃至貫徹堅定信仰，都是非常具有前瞻性的一件事。

這裡有必要提到「六相圓融」的佛法義理，囊括爲（總，別，同，異，成，壞）六種相，其主要論述（全體與部分）皆是「一體化」的思想，事物的全體比如一輛法拉利跑車，是它的總相，將它組合起來的各個部分，如發動機，氣缸，油泵就是別相，各部分和合同歸於一輛跑車卻又各自運行，是同相與異相，和合則跑車生成，分散又堅持自己的特性，是成相與壞相。

六相即是一合相，一即是多，多即是一，任何事物都具足這個眞理。而三界的存在便像這輛法拉利，爲一個總擴相，生存在其中的眾生雖然寬泛，生理特性也很複雜，甚至差別甚多，但卻互不違礙。組合起來就是一個三千大千世界，分散來看是無量的小世界系統，若沒有業力牽引，大家在其中便各行其道，互相成就又互不干涉，形成一個全息的宇宙。

從生存境界上判別，我們所處的世界屬於諸欲雜染，卵胎濕生相參的欲界。較粗淺的欲望有色欲、食欲、情欲、睡欲，生物性的本欲上大體類似，從細微處分，還有財欲、名欲、求知欲、表現欲、控制欲等等，這其中有些是無意識欲望，如果沒有一定修行甚至都很難察覺，但它們帶來的共性就是短暫的麻木與滿足。

這種滿足背後形成了一個牢不可破的自我認知，即優越

感、重要感、主宰感，環環相扣，問題也出在這裡，即欲望帶來的感覺如同泡沫般剎那生滅，如夢幻泡影，而我們卻樂此不疲的上著它的當，就像無底洞一般永遠無法被滿足，以此感召了一個共業系統的宇宙。它就像是一座心的牢獄，裡面困住了滿是被欲望束縛的靈性。

這無疑是一個悲觀的論點，但佛教一向提倡向內看，而非往外尋，這其實也揭露了一個被人忽視的真相，即生物只有在徹底地認識自己以後，才能認識世界。

同樣居住在色界的生命體，他們的存在方式已經超越了欲界一般的常識，他們無有男女之別亦無需言語交流，其自身放光便可得知對方的思想，印度教的大梵天、濕婆神等皆屬於這個層次。因其身體尚存，猶有清淨物質色塵，故名色界。而無色界的生命體除了細微的意識等流之外，連有形的色質都滅盡，並以此為究竟。

三界中越是高級的生命體，存在的時間越是不可思議，甚至不是我們能想像的範疇，可能我們窮盡一生的時間，在他們眼裡不過就是一抬手、一眨眼的時光。可能有些人覺得這不可能，是無稽之談。其實佛陀已經給出了答案，六相圓融是從空間的層次演繹出的宇宙真理，而從時間上何嘗不是圓融？一剎那極短暫的時間，何嘗不是與無量的時間圓融？剎那與永恆，一念與一劫，在佛陀眼中沒有任何差別，念劫圓融，這是華嚴一真法界的真實現量之境。

與三界對應的就是六道輪迴，這又是一個會引起極大誤解的統籌概念。生命體的生滅變遷乃至心理變化，是不能用數量去窮盡的，但這裡佛陀歸納了六種，因其一切變化不出這六種境界

的感召。

天，人，修羅，屬於上三道，也稱三善道，生存狀況相較於三惡道要殊勝很多，這種殊勝是取決於自我對於愉悅的長期擁有和把握做的定義，包括物質環境、心理狀態、人事環境、欲望宣洩等一系列自我的幸福指數，也就是通常而言的物質與精神的雙重滿足。

相較處在畜生、惡鬼、地獄境界的眾生，他們的處境是極其可怖而惡劣的，雖然身處境界難堪，但三惡道亦是心性法性的變化，是一種極其不正常的變化，如果整個法界是一個人的話，三惡道的眾生是嚴重違背了全體一體的規則規律，就像自己的手傷害自己的身體，自殘戕害所導致的惡果。可能有很多人會問這世上多的是「殺人放火金腰帶，修橋補路無屍骸」，因果可能不準，這裡需要用佛的智慧去解釋，善惡果實會在不同的時空成熟，因果律是一種連續性永遠不斷滅的能量變化，不能用有限狹隘的目光去認知，更何況對於好壞的定義，也不能全然用世俗的理解去看待，掌握更多資源、獲得更多快樂的眾生，有時候體會到的痛苦也是常人難以想像的，爬的越高摔的越疼的例子比比皆是，生活中所謂的光鮮燦爛，最後都要用同等的苦難寂寞去償還。

這一點是所有宗教共通的觀點，即斷惡修善便能進入三善境界，它符合性德一體的道理，所以能最大限度的感召全宇宙全法界心的能量場，人同此心，心同此理，乃至萬物都能通達這種心的力量，江本勝博士在他的著作《水知道答案》中有這方面的詮釋。而殺盜淫妄必墮惡趣，它是自然而然法爾如是的真理真相，這種規則是心做的定義，是它自己的法則，所以因果報應絲

毫不爽，這也從側面涵蓋了整個三界的運轉總法則。

在佛教內部，會比較側重介紹畜生、餓鬼、地獄這三種境界，因為他們是所有修行人避之不及的三惡道。

三惡道別名三途，即三種極其可怖的路途。它所進入的生命境界會讓心這種能量場感到非常痛苦。

畜生道的眾生智慧較低，且大多沒有好死，生存在自然界裡的動物，因果本能的感召讓他們大多以對方為食物，成為彼此的捕食者與獵物，進而迭相吞啖或者被吞食，在他們眼裡，生存大過一切，所以稱為血途。

餓鬼道因心的造作貪婪而感召，顧名思義這種境界的眾生常年處在饑餓的狀態下，且時時有被人追殺一般的恐怖感隨身，故名刀途。

地獄道因大苦不斷，無時無刻不在受苦，猶如火燒，為三惡道之最，故名火途。

三途的眾生普遍由佛教中定義的三毒「貪嗔癡」的劇烈造作而招感得果報。這一點同樣可以在身處上三道的我們身上，看到一些花報顯現的痕跡（花報指正報顯現前的預兆和開端）。貪念心重的眾生常常有患得患失的恐怖感，這類似餓鬼境界。愚癡沒有智慧，渾渾噩噩的眾生往往在生活中互相攻擊，傷害背叛等等，像極了畜生道互相攻擊的狀況。而對立心太強，報復心重、太容易發火的人，嗔恨心一起來，猶如處於火途地獄。

六道的真實情況甚深不可言說，見仁見智，佛陀都是通過他自己現量親證的境界，做了種種譬喻，讓我們對六道的苦樂有一個直觀的感受，從中得到生命的啟示與真實義，繼而勤修（慈悲喜捨）三善道境界，避開種種有形無形的雷區，乃至出離三

界，證得圓滿菩提，得到大涅槃，大安樂。

當然這裡也許有人會問，宗教無非就是勸人為善，諸惡莫作而已，以上種種的理論如人飲水一般，並不能被完全證實，那又何必一定要建立信仰？只要活著安分守法，對得起自己良心，管它生死之後的事情，反正也看不到摸不著，不是嗎？

這是普遍無信仰主義人群所認可的主流觀點，可問題就在於人都帶有僥倖心理，在未知的命運裡，時刻都有被迫改變立場原則的可能，又或三觀受到種種挑戰繼而喪失理智，這和我們無法根本拔除內心的「三毒」有重要關係，任何普通人從一生下來都不能被定義為聖人或者罪人，善惡都是遇緣不同中所誕生，正因人性具有複雜多變不穩定的一面，所以建立信仰，規範自己的生命價值體系，對於人類長久發展乃至長治久安，都是必不可缺的因素。

況且「三界六道」的輪迴體系固然只是一種宗教理論，其中真正能信奉佛陀所開示的真理並為之實踐的人也只有少數，而大多數人生活在激烈的現實世界裡，往往忙碌奔波身不由己，現世的責任和宗教的修持如何平衡，現代人又能拿出多少時間來關懷生命的根本迷惑，解決未來際必將面對的生死歸宿乃至大限將至的終極問題，這是信仰所要普及化的社會性關懷與公益責任，亦是所有從事宗教教育人員的重大使命與價值。

全部成為僧人固然不可行，這也並不是佛家提倡的唯一修行方法。《六祖壇經》有偈子，「佛法在世間，不離世間覺」。在佛教的核心價值觀裡，世間也好，出世間也罷，無非是一不是二，修行就是調整認知，用佛知佛見去認知生命與世界，去依照真理去生活去做事，進而真正去得到趨吉避凶、離苦得樂的生命

利益。

而對於佛教最注重的解脫生死問題，本質上就是回歸到心性的本來狀態，也就是之前一直強調的所謂「一」的狀態。在此涵義的基礎上，用「佛向性中作，莫向身外求」這種直指的方式，再去指導平常的生活做事，既是心的解脫何必捨近求遠，不必非要穿上僧衣躲進深山，修行本就落實在生活當中，吃飯睡覺，乃至一呼一吸都是與實相真理契合。

這裡的關鍵在於明白了核心的訴求以後，就可以真正在家，不離開真實生活的當下，也能完成人格轉變昇華與靈魂的滌蕩，圓滿自身存在的重大意義，也就是一直以來佛教所標榜的解脫與成佛。

在這條路上的眾生，也就是所謂的菩薩，就是在這種活潑而中道的核心理論連貫支撐下，去完成自覺覺他、自利利他的菩提願，盡未來際的去做「不為自身求安樂，但願眾生得離苦」的事業，因為一切眾生本來同體，這種本性不是誰臆想或者捏造出來的，而是必須要用真切的實際心理與付出（悲與願）去契證完成，它是實踐真理的第一步，即發大心、立大願，並且保護它，不讓它退失。

這也是如來乘不共的根本精神，它不同於一般人對於佛教消極的認知與偏見，而是一條充滿了真實平等清淨莊嚴的大道，也是佛教服務於世界大眾的立足點，即大悲心。在這一點上所有宗教都是不謀而合的，活在人世間，只有大愛才能戰勝人性與生俱來的恐懼、貪婪，乃至死亡。

《華嚴：普賢行願品》有一番很深刻的開示：諸佛如來因於眾生而起大悲，因於大悲生菩提心，若無眾生，一切菩薩終不

能成無上正覺。我們為什麼要解脫三界輪轉六道輪迴，我們為什麼要成佛？這是很嚴肅很深刻生命問題，是對我們存在的究極拷問。如果不是為了令眾生離苦得樂、解脫成佛，那我們的解脫和成佛，我們的信仰和修行也許會失去全部意義。這一點極其重要，若無此發心，雖有正見修行總是徒勞辛苦，甚至有墮入外道魔途之險。

這其實已經把佛教信仰完全和盤托出了，要入佛門，先發大心，否則佛陀的一切開示與教法，並不能真實利益於我們，由此信仰也無法真正安立，我們也無法真正入佛知見。

從這一點上展開，菩薩道的行者是世間最多情的人，菩薩不僅自己要修行，還要幫助別人拔除苦難，同時秉持菩薩的淨戒律儀，時時對境煉心，真正放下並不妨礙提起，反而還可以積極為大眾服務，從中打磨掉自我和自私的習氣，進而提煉勝義菩提心，去印證佛陀宣說的真理實相，成就圓滿大悲的正等正覺。

這是難能可貴的，菩薩於眾生而言也是寶貴的，尤其是有修有證的菩薩。這裡便要介紹一位佛教的大菩薩，從他的本起因地中，一窺佛教真正「無緣大慈，平等普度」的情懷。而我們更加可以從中汲取寶貴的生命經驗，為個人改變自身宿業，進化人生軌跡，得到佛教真實受用與利益，提供理論依據與實踐機會。

3. 乘如實之道而來

　　初初進入佛門，或有人讓你發大願，為利一切有情眾生願成佛，或勸你發願往生西方極樂世界。在這一點上，世間的一些高知份子或者業餘佛學愛好者，他們往往對禪宗空性的教理有一定研究，甚至因為一些特別的因緣對《金剛經》，《心經》，《楞嚴經》這種特別注重空性智的典籍有一定涉獵，在這個發願的問題上往往會有疑惑和辯論，按照他們的觀點，「一切法不住」才是法性的本質，有任何的執著不是違背了空性的教理教義？

　　再者，佛教的禪修大體都是為了解脫而安立，不是要本著「離相無住的心性，於六根門頭的色、聲、香、味、觸、法上，安立平等不二的觀照力，再去掃蕩一切嗎？這就像在我們身體的六種覺知裝監視器一樣，念念不留，打掃塵垢，過去現在未來三際都不可得，那還要發願做什麼？

　　這個道理是佛陀親口講的，並沒有錯，但是如果沒有先前「三皈五戒，發心度生」的基礎，直接進入空性的修行就會有很大的偏差，原因說來耐人尋味，每個人在沒有把自我掃蕩乾淨之前，無一不是在「貪嗔癡慢」的煩惱中，甚至於經過自我的一通包裝，「禪」的修行最後成了增長煩惱的武器。

　　為了避免此種好高騖遠的誤區，以及被種種煩惱所損害，所以佛門一向大力提倡「慈悲喜捨」的精神，先做人，後成佛，

人成即佛成。有了這悲心願力以後，進入空性的修行乃至到最後的得證法性，就不會偏離性德一體的正道，自然也就不會墮入滿足自我的圈套。否則修行越深入，走火入魔的可能性越大，因為「我執」會把所有的修行都當成它的養分，最終的結果只是煮沙成飯，固自徒勞一場。

但反過來有了悲心願力卻也離不開空性的修行，這就好比兩條腿才能走路，因為我們還沒有真正可以度眾生的能力，甚至凡夫的慈悲心往往夾雜著劇烈的煩惱，進而會反噬自己，在這個世界上，光有好心是辦不成好事的，度人更是先度己，能度己者自然度人，這件事說來確實神奇，猶如一體的兩面，妙不可言。

但當今社會上存有很多負面看法，覺得佛教沒有倫理，不講孝道，不敦倫盡分，不顧家庭親人死活，不管是出家做僧人，還是一些在家的居士，學佛後整個人反而顯得怪裡怪氣，彷彿不和眾生對立，就不能顯示出他有信仰的優越性。

作為一名教內人士，這些其實都是佛教自身宣傳與基礎信仰工作不到位的弊病，是需要真實懺悔的，像佛門泰斗印光大師一生從來不勸人出家，佛門最講究因緣法，如果不是瓜熟蒂落、水到渠成，或者出家後能帶給很多眾生利益，這件事還是需要慎重深思的，畢竟在家修行一樣是可以成就正果的。

再者就是數量龐大的在家居士團體，他們有時更能代表佛教的形象，舉例來說，如果一個女居士，在家不盡為人母、為人妻的責任，一切都是消極對待，甚至有些受了菩薩戒，卻要求家裡人那個不能吃、這個不能做，搞得家人一肚子怒忿怨言，那她佛子的身份也是不稱職的，而且還會損害佛教的傳播與弘揚。

每個家庭或多或少都有這樣一地雞毛剪不斷、理還亂的事

情，本身也是我們處理煩惱沒有智慧的顯現，那過來人學佛都是從什麼地方入手呢？這個就要提到學佛的重中之重，即「三世諸佛，淨業正因」的淨業三福。

第一福、「孝養父母，奉事師長，慈心不殺，修十善業」。

第二福、「受持三皈，具足眾戒，不犯威儀」。

第三福、「發菩提心，深信因果，讀誦大乘，勸進行者」。

這段經文出自《觀無量壽經》，學佛不管是宗門教下、大乘小乘、顯教密教，無論是任何一門進入，都要從這裡紮根，換句話說，想要得佛法真實受用，如果沒有淨業三福的基礎作為地基，是很難收到效果的。

這裡有必要強調佛教中對於福報的詮釋以及它的重要性，我們國人都瞭解，道家一直有福禍相互所倚的觀點，既然福報多了也會變成災禍的根源，就像本來沒錢的人一下發達了，造作許許多多的惡業，從某種角度上講，那豈非變成了另一種壞事？更何況很多人認為命裡承受不起很多福德，怎麼辦？

這就是對福報兩個字涵義沒有真正搞清楚，所謂的福報，也可以說是一種因果相續的力量，這種力量本身無所謂好壞福禍，它只是一種轉動生命之輪的推動力，好壞福禍還是來源於個人內心的推動力，也就是善惡是非的觀念決定了福禍的兩重性，如果不修福，不去轉動這因果輪，那修行也是無法上路的，因為修行本身也是一種因果的相續，做任何事都要這種力量，有時候它被人稱為命運。

在佛教的命運觀裡，人後天的命運是可以修來的，哪怕先

天家庭事業背景資源差一些，它承認先天的宿命，卻更加肯定後天的運作，只要通過正確的觀念和理論，再結合不斷地實踐，日積月累地行善厚德，必然有正報現前。這是因果論中最樸素也是最正確的觀念，「諸惡莫作，眾善奉行」的觀點，也是普羅大眾對於佛教的最初印象。

這個道理可以說人人都懂，但去真正做到的恐怕寥寥無幾。原因在於每個人的性格觀念裡藏有自私的一面，並且這種自私也是傳染性的，像負能量一樣會直接影響每個人的向善積極性，做個好人的代價往往就是吃虧，受人欺負，被人當做傻子一樣愚弄，所以佛教在世間推行的淨業三福，也可以說是做好人好事的底限，它是一個佛弟子的標杆。

在這三福當中，尤以第一條最為迫切而重要。我們所處的社會是無數個家庭的組合，每一個家庭就像一個細胞，它決定了社會這個「人」健康和諧的程度，而這裡面的核心就是一個孝字。古來入仕當官都用舉孝廉的方法，實質就是在家孝親者必然為國盡忠，它是一而二的必然，一個人如果對自己有養育恩情的父母都沒有回報之心，何談為一個國家、民族做一番事業，這是顯而易見的事。所以一個家庭的穩固是所有正能量的根源，這在佛教裡稱為菩提的根，沒有根，哪有修行成佛證果這樣的枝葉花果。

所以在以輪迴做戰場，誓要度盡一切眾生的菩薩之中，首推大孝的地藏王菩薩。

我們一般人在想到菩薩的時候，首先會想到在寺廟大殿明晃晃的木雕樹脂金銀銅鐵漆的塑像，好像會有一些不可言說的禁忌與神秘感。

　　但之前說過，大菩薩們都是依靠佛陀的正法，真實證入一真法界的聖者。在我們普通人的觀念裡，只要是人，就應該一個鼻子兩個耳朵，一天吃三頓的靈長類生物。這其實是迷惑顛倒的觀念，並非佛知佛見，在我們眼裡，我的肉團身與身外的動物鬼畜、山河大地、樹木花草、泥巴瓦塊，都是同樣宇宙間的分子、原子、粒子這些元素所組成，既然都是物體，但是我們的分別心只執著這個小小的肉團身為自己。佛菩薩不同，他們明白本來動物鬼畜、山河大地、樹木花草、泥巴瓦塊都是我們的心性所顯現的幻想，是假相，都是法性隨念而動所變現的相續相，他們因為徹悟到這一點，也就是明心見性之後，認一切動物鬼畜、山河大地、樹木花草、泥巴瓦塊，萬事萬物都是自己，沒有誰不是誰，都是當下一念心變現的。也就是認識到了自己這個肉團身與天人鬼畜、山河大地、樹木花草、泥巴瓦塊，一切萬法都是一個本體。

　　但我們迷惑的很深，把自己與萬物分別對待開來。佛菩薩覺悟後，自己與萬物當下圓融為一心。佛與眾生本來都是同一大光明藏所現。眾生以攀緣心向外看，就有了你我他，有情無情的分別對待，有了對立就不自在了，冤枉的搞六道輪迴。

　　佛菩薩通過現象看本質，追本溯源，明白了一切眾生都是一個本體，當下心得自在解脫，回歸一真法界的真實境界。比如：一顆菩提樹，愚者只看到了它的樹幹、樹枝、樹杈、樹葉。智者通過眼睛看到它的樹幹、樹枝、樹杈、樹葉，當下就明白那個眼睛看不到的樹根，是整棵大樹的根本之處，樹幹，樹枝，樹杈，樹葉，當下就是樹根，沒有哪一個不是哪一個，本是一體。愚者與智者的差別就是一念之間。佛與眾生的差別也是一念之

間。這一念就是世界觀的認知，方向對了，成佛了生死，直達目的地。方向錯了，迂曲輪迴受苦，無有休止。

而地藏菩薩就是圓滿證悟法性，抵達究竟真理的眾生，因為他曾經在因地上發願只要還有眾生沒有度盡，還有眾生在迷惑的苦海裡掙扎，就絕不取證涅槃佛果而永為菩薩。其地藏兩字的含義，實為「安忍不動如大地，靜慮深密如秘藏」。據《地藏菩薩本願經‧卷上》所記載，菩薩於久遠劫前為一婆羅門女，因發願救度亡母脫離惡趣，並誓立在盡未來際的今天，乃至無窮的往後，都要普度罪苦眾生。而在輪轉中又做光目女，再次發願救度地獄受苦的母親，待彼成佛後，始成無上正覺。

因菩薩本起因地中以大孝為修行立足點，並將自心之孝推向無量的眾生，悲願無盡，行願無盡，最終成就圓滿的依正莊嚴而入十地大菩薩果位。並在釋迦牟尼佛入涅槃之際，將這個世界的眾生託付給他。

所以有一個事實是，地藏菩薩一直就在我們身邊，並且永遠都不會離開我們，這是對菩薩建立信仰必須要明白的道理，即菩薩何來？菩薩到底在哪裡？菩薩於我們到底有何生死攸關的切身利益，乃至我們如何去和菩薩建立不可思議的信仰與羈絆。

這裡就要提到一個非常重要的佛法概念，即所謂「三身」的名相義理。

三身者，即法身，報身，化身。也稱法性身，正報身，應化身。從一切法都安立於空性的觀點上談，一切眾生都有法身，所謂三世一切佛，共同一法身，法身就是空性，就是遍一切處，它是我們所有靈性眾生與佛菩薩的本來面目，一切山河大地宇宙微塵無一不是法性，凡夫與佛菩薩的差別，就在於一個瞭解事實

真相，一個還在迷惑無知，一個已經親自證得這個事實，一個還在其中輪轉不息。

這就像做夢一樣，凡夫還在夢境當中，佛菩薩是醒過來的眾生，所以佛菩薩以法性存在於每一個時空當中，即永恆與無限，而我們只存在每一個當下以「我」這個名義所假想的一段時空間裡面而已，因為我們被局限在自己的認知裡面，被這個座標定死在裡面，何其可悲可歎。

我們這種片段式的存在，也就是三身中所謂的報身，是不明白法性的事實真相，從而導致心性妄執妄動，最終無量劫輪轉造業所產生的業報身。我們的思想，身體，觀念的由來，也是我們生命無盡緣起的積累所呈現出來的一個片段。這個片段裡面藏著無量的生命動力，佛教稱為「種子」，被蘊藏在我們的潛意識層面，即唯識宗所稱的「阿賴耶識」。它是我們法身在迷惑的時候所存在的狀態，所有過去現在未來存在的業報身，都是阿賴耶識所呈現出來的影像，是因緣和合的假相，這種假像有無窮無盡的變化和組合，所以我們很容易把它當真，而且認為是固定和永恆。

佛菩薩因為證得法身，而把阿賴耶識裡面無量的種子和習氣都加以淨化，由自己的願力報來的身體就是正報身，這種報身具足無量莊嚴，有些是千手千眼，有些是金剛不壞，還有是紫磨真金。所以西遊記中孫猴子跳不出如來的掌心，從這裡看是有理論依據的，法身無盡無限所以報身也無盡無限趨向無窮，吳承恩有一定的佛學素養。

法性身是不生不滅，因為它法爾如是，亙古不變。正報身是有生不滅，他通過無量劫的因果報來，在證得法身、報身以

後，從佛眼看一切眾生都是佛，眾生有感佛菩薩一定有應，這就是應化身。

所以佛菩薩其實就是乘著如實之道而來，就像乘著真理的大船航行在生命的真相大海之中，而解救墮入深海之下頭出頭沒的我們。一般學佛人都知道我們這個娑婆世界有佛陀無量的應化身，但在證入一真法界的聖者來看，這個娑婆世界其實是佛陀的正報身，是萬德莊嚴的華藏世界，是他的報土，整個華藏世界的無量無窮的法界，其實就是佛陀的報身，身土不二。從這裡來看，我們一切眾生都在佛陀的報身上，這個道理又有幾個人相信？

佛陀得證三身以後，於自己，於眾生，他都已經得到生命最大的圓滿，可我們無緣得見佛陀的法身和報身，但他的應化身卻一直都在我們身邊，從所有能影響到我們的地方默默地加持我們，或給我們正確的觀念，或顯現特別的人和事感動我們，引導我們回頭，指點我們迷津。

這種生命狀態其實有跡可循，就像同一個身體，只要某一個部位或者器官出了問題，比如病菌進入身體，白細胞能通過變形而穿過毛細血管壁，集中到病菌入侵部位，將病菌中和改變。從這裡延伸出去，我們想要改變自身的生命狀態，也就是要轉變自己核心觀念，要做生命的白細胞，去幫助別人，愛別人，才有可能從有毒的、短暫的、痛苦的生命裡解除出來。

很顯然地藏菩薩就是我們現在急需皈依和靠導的白細胞。他像佛陀一樣是我們生命的大導師，唯一的不同是菩薩的正報身還在這裡，他的報身常住華藏世界，由此他的應化身也就在我們身邊乃至我們的心裡。

　　菩薩於無量劫前得成聖道卻依然不捨眾生，一直在這個世界應化成有緣眾生或者山河大地守護我們（菩薩於法自在，能現一切萬物），但他的顯現能不能穿透我們的業力生命，其實是我們自己的因果。這種顯現和加持是不昧法界這個大因果的，所以從地藏菩薩的願力層面和我們皈依上講，只要我們皈依祈求菩薩感應必定昭然，在所有的佛教感應錄裡面，地藏菩薩的加被也是最深沉、最有力的，像慈母一般守護有緣眾生。在密教中菩薩代表的是滿願王，菩薩給予我們這個世界的眾生是有願皆滿，尤其是身在大苦之中的眾生感應最為奇特。

　　但如上所言，所有的修行其實都是要靠自己去完成、去契證，菩薩因何能加被到我們？僅僅是我們與菩薩做了心靈上的聯繫或者給菩薩磕了幾個頭，菩薩就能給我幾百萬？那這個世界上怎麼還有這麼多窮人，每個人都去廟裡磕個頭就行了，反正菩薩會保佑我發財。難道是這個道理嗎？

　　學禪宗，想要開悟證法身的也說，從夢裡能醒過來的必定是靠自己的覺性，這樣才是大智慧到彼岸的第一波羅蜜，靠菩薩加持就沒煩惱、沒災難，那是自欺欺人，又要發財又要家裡人好又要身體健康，那不是癡人說夢？

　　這個問題在佛教裡，就是顯教與密教的分水嶺。

　　所謂的顯教，就是直抵法性真空，直接找到我們心性的本來面目，它不談法性的妙用，只講你如何去認識它、去找到它、去抵達它。至於它的變化，佛在顯教的經典裡談的很少，至於如何去妙用啟用，更是故意隱去，佛陀這麼做必定是出於慈悲，因為密教的道理更深一步，如果隨意告訴別人，必定會招來誹謗與懷疑。所以這也是密教的由來，密，就是法性的妙用。

　　所以我們修行人切不能執理廢事固步自封，於佛陀無上妙法不能解更何況加以誹謗，這就罪莫大矣。這個問題其實龍樹菩薩在中觀的概念裡已經提及，之所以用「中」這次詞，就是法性不能用有和空去框定，因一切法雖然體性是空，但是能生一切法相，這股能量的變動讓其生成地水火風四大緣影，法相的本質是動相，不管是心內的念頭還是萬物的振動，都是一種頻率，無始無終以來，都是無盡的緣起、無盡的因果，從這裡也可以說空就是因果，空是因，輪迴是果。

　　但是其中的因果卻是轉變不空，因果相續不空，空是它的體性，不空是它的作用，就像一杯飲料，杯子是體，因其「無」的特性能讓它盛一切液體，又因其「盛」的作用能讓它轉化妙用，而不是空無一物般的一潭死水，故龍樹菩薩取中道義。

　　所以禪是很特殊的，它直接從萬法的體性上入手，觀照當下這一念，此念不生即全體現，點一炷香，盤個腿，從話頭上頓超直入，頗有一步登天的豪氣，但也由此容易偏入小乘的見地，只取法性而不開妙有之門，不度眾生。

　　回過頭來，就明白修皈依和發願的重要性，從「體性」上入手固然上乘，但從「妙用」上理解也不簡單，真正了知這一點，便可明白其實世間任何人都在修習皈依和發願，他們皈依自己的迷惑和煩惱，發願成就自己的三毒貪嗔癡，雖然暫時得到一點現前短暫的快樂，但最後導致的結果必定是無限的痛苦與無明，迷失在三界六道裡，無限的生死輪迴中。

　　這裡就有必要大力提倡地藏法門的重要性，也就是密教對於我們的大作用。

　　因之前所有提到的修行方法皆屬於自力範疇，自己皈依發

心，自己修因證果，各種大小乘經典裡面立論清晰，修行的各種道次第程序也非常完備，六度萬行一絲一毫都容不得馬虎。

但地藏法門卻不在這個範疇裡面，其實這是漢傳佛教中的特別法門，屬於密教部的顯說。其修持的理論基礎，必須安立在我與本尊平等不二的高度上，屬於如來藏體系的究竟說，也只有在「心佛眾生三無差別」的見地上，最簡單的皈依法才可以說是最高之法。因為心作心是，凡夫心性與佛性本來平等，一切眾生才能談皆可成佛。

換句話說這是最大的奧秘，即我與本尊可以相攝相融，本來沒有差別，如果不能瞭解這件事情，就是所謂「迷」的狀態，所有的造作就是妄動與造業，自性本來圓滿的功能就被遮蔽。反過來將自己的身語意與佛菩薩綁定在一塊，就像一絲交流電放入電網之上，馬上就會有不可思議的感應。

所以和地藏菩薩建立強大的羈絆和連結，借由佛菩薩所證得的功德受用，化作自己的受用，從另一種角度看也是在開顯法性的妙用，與它的德能作用相合，即與它能「盛」的特性相契，如此便可以得到一切最莊嚴、最殊勝的果報，遠離一切苦厄，究竟解脫（這一點值得透徹的深思，從這個點上出發，才可以談建立真實不虛的「地藏信仰」。因其一旦與菩薩發生本質上的皈依和連結，果報是極其的超越認知與不可思議）。

所以這樣的法門必須要彰顯個人對本尊、對地藏菩薩信心的重要性。乃至從某個角度看，信心甚至決定了整個法門的安立與高度。從《地藏菩薩本願經》上記載來看，此菩薩摩訶薩於娑婆世界有大因緣，他曾發下「地獄不空，誓不成佛」的大願，能疾速令一切眾生得到真實不虛的利益，不管是在世間或者出世

間，於自己、於家親眷屬都可遠離苦厄災難，乃至於一切所求皆得滿願的果報。

在《大乘大集地藏十輪經》上講，此菩薩於每晨朝時，為欲成熟諸有情故，入恒河沙等諸定（三昧）。如是大士，若入「電光明定」，由此定力令彼佛土一切有情皆悉遠離後世恐怖得法安慰。若入「具足上妙味定」，由此定力令彼佛土一切有情隨念皆得飲食充足。若入「具足勝精氣定」，由此定力令彼佛土一切有情無不皆得增上力勢離諸病苦。若入「引集諸福德定」，由此定力令彼佛土一切有情離諸鬥諍、疾疫饑饉、非時風雨、苦澀辛酸、諸惡色觸悉皆消滅。從定起已遍於十方諸佛國土，成熟一切所化有情，隨其所應利益安樂。

以上經典語錄皆是出自佛陀金口宣說，勘定古今絕不會錯。我們讀者主要的問題是這個「定」，也就是三昧這個詞語，應該如何解釋？我們又該如何去體會菩薩入的這種種三昧，又是一種怎樣神奇的狀態？

理解這個問題，其實需要大膽的想像力和悟性。畢竟筆者也沒有這樣的生命體驗，只能回歸到所有問題的根本，即法性遍一切處，同時具足一切生命功能變化的特點做一點微末的理解。舉例來說，如果有一群螞蟻被他們眼裡的一塊大石頭擋住了去路，它們每次都要通過幾個小時甚至更多的時間繞過這塊石頭才能找到食物，但其中的一隻螞蟻是菩薩所應化，菩薩已經於法自在，但它在螞蟻的身體狀態裡確實不能搬動這塊石頭，這個時候菩薩進入了一種名為「人」的三昧之中，它化做了一個人把石頭從螞蟻窩前搬走，這個人的行動完全超出了螞蟻的思維理解範疇，所以看起來是如此的神奇與不可想像。

但從我們的角度看，菩薩已經證得法身，一切法都是他，只需要有因緣而且不昧於因果（假如這塊石頭在周遭的人群眼裡不能搬動，搬動會引來人重新安上，甚至再用水泥澆固而沖毀螞蟻窩），如果沒有這樣的後續因果就是不昧因果，那菩薩就能做這樣的三昧。若非如此，菩薩有能力也不會搬動石頭。

現在菩薩既然能入這種種三昧，說明菩薩與我們之間有甚深的因果，並且佛門中因得地藏菩薩悲心願力的加持者屢見不鮮。說明其中不昧因果也不需要有所忌諱，只要按照經上講的聖言去做便可。又因本願經中記載的修持法門極其簡單方便，宣揚地藏信仰於現代社會顯得尤為迫切與特殊。

這裡簡單介紹四種普通人都可以每日修持的方法，任選其中一法都可以，只需如理如法的具足誠懇心，不管是理性的做一點功課，或是感性的過一種宗教生活，虔誠禱告與菩薩感應道交，現前便有諸多利益，如：善果日增，衣食豐足，疾疫不臨，先亡離苦，諸橫消滅，乃至有求皆從。

第一種：讀誦《地藏菩薩本願經》。

本經是釋迦牟尼佛在忉利天宮（欲界六天的第二層天）為母親摩耶夫人說法的故事，其中詳細介紹了地藏菩薩的本起因地修行的故事，描述了地獄的狀況，解釋種種懺悔業障、救拔親人眷屬苦難的方法。另外在此經中，釋迦牟尼佛宣說自己入滅之後至彌勒成佛以前的無佛世界中，教育度化世人的任務由地藏菩薩負責，強調讀誦此經可獲得不可思議之利益，消滅無量之罪業。

第二種：供地藏水。

如若在讀誦經典的過程中，常常提不起精神，不誦念還好，一念懶惰心就起來，就想放逸幹些別的事去，要不就昏沉睡覺，這都是本願經中說的「無讀誦性」。碰到這種情況，在菩薩像前恭敬陳白：南無大願地藏王菩薩，請您慈悲幫助克服這個睡眠懈怠的心，消除我不能讀誦的這種業障，然後以淨水一盞，安放在菩薩像前，經一日一夜，然後合掌朝向南面，鄭重其心的觀想菩薩加持這杯水，服完水後，七日至二十一日，持居士五戒，口忌五辛酒肉，至二十一日前，每日皆如此，當至日畢，即獲菩薩夢中授灌頂水，頭腦清晰聰明，業障消除，經典一歷耳根，即當永記。

第三種：稱念菩薩名號。（南無大願地藏王菩薩）

稱念菩薩名號至為簡捷方便，功德殊勝，常得護法善神庇護，可免橫禍災難，得無量不可思議果報。經中講若有人物質生活不足貧困，或者多有疾病凶衰之事，又或家宅不安、眷屬分散，睡夢之間多有驚怖，若是能至心恭敬念誦菩薩名號萬遍，諸多不如意事漸漸消滅，橫事消滅，衣食豐溢，睡夢中悉皆安樂。念佛切勿一味追求數量，心的作用才是第一生產力，至誠心念誦才是捷徑。

第四種：造像，供養，供花，瞻禮讚歎。

塑造菩薩像與人結緣，在寺廟以供養菩薩的名義供養僧眾，於菩薩像前供花頂禮瞻仰，與有緣同修讚歎菩薩大願不可思議。隨緣盡份可修以上種種的善行功德，皆可獲得菩薩大威神力

加持，有七種利益：速超聖地，惡業消滅，諸佛護臨，菩提不退，增長本力，宿命皆通，畢竟成佛。這皆是菩薩大悲願力所化之功德利益，眞實不虛。

讀誦前選一清淨場所，並加以下三種事項。

第一，發願。

佛弟子某某發願：願一切眾生早日離苦得樂，願一切亡者冤親脫離惡道往生淨土。願現世家人眷屬平安喜樂，一切如意。

第二讀誦經典，或者稱菩薩名號。

念誦過程中儘量保持專注力，如有妄念紛飛亦勿需理會，切莫疑惑而中止，只要不加理會，只顧及念誦，自然心思安密而定。

第三迴向。

佛弟子某某迴向：將所修一切功德迴向法界一切眾生，迴向一切有緣的冤親債主，迴向西方極樂世界。

4. 融通修法次第

綜上歸納概括，初步敘述了地藏法門的原理以及實踐運用，有信心與緣分的讀者不妨親自躬行，直接體認生命信仰這一課，與菩薩宏願相連，在嚴肅而虔誠的皈命之中，收穫生命真實不虛的利益，同時真切感受真理的存在與偉大。

再有一些學佛者，內心雖然篤信佛教，卻不明佛法精髓，不知法門的抉擇與實踐的重要性，生活做事中仍處處執著我行我素，自身的煩惱習氣依然如浪奔騰，他們心存依賴一味向外尋求，期冀接近德高望重的上師，求得最高無上的法門，好像只有這樣才能從速解脫自己的煩惱。實則終日閒散任情放逸，不明學佛的入手處與設地基，入寶山而空手回，在碰到挫折與不幸之時大多只能萎靡不振，退失初心。

而對於那些常常研讀經教、自認能解第一義諦，認為生活中只要隨緣自在，安心即與佛同，哪費什麼時間精力去做基本工夫。有的還曲解「本來是佛，不屬修證」的說法，決不肯毅然決然抽時間投入身心修證，他們大多會拿出「淨土不需掃，心淨則國土淨，空門不必關，關與開都同」。好像不需要綿密的做功夫即能彈指成佛。但他們忘記自己不是六祖大師，一旦接觸到實際問題，沒有抵抗和化除的辦法和能力，痛苦如昨，煩惱依舊。

這裡的根本問題就在於對佛法多有以偏概全，對於各宗派不能融通融攝而產生的種種學佛之曲途。

　　佛法三藏十二部，汪洋浩瀚，博大精深，總說其內容可分為「教，理，行，果」四個方面。教是佛所說的言教，理是教言中所說的義理，行是依理所起的行持，果是由行而證的覺果。教和理是屬於理論的範疇，行和果是屬於實踐的範疇，佛法的理論完全是實踐中提煉出來進而指導實踐的，沒有實踐原是空洞的理論，沒有理論又是盲目的實踐。

　　所以教理行果本是互相聯繫，分而不分的。由此可知學佛的目的，其著重點在於由教理的了悟而貫徹躬行到實踐中去。學佛得益的大小，完全要看實踐程度的深淺來決定。

　　從顯教來看，只有真實的履踐出離心與菩提心，在事上修行大小乘種種的禪定方法，開顯與提煉「道諦」的內核與次第，才能親自斷除主觀虛構的妄執，證到客觀究竟的實性，妙契宇宙法界的真相。

　　而從密教來看，只有真切的皈投本尊，在身語意上做三密相應的連接，才能感通本尊不可思議的三昧加持力，乃至於密定中親見本尊。因此佛法實際上是一個實踐問題，況且能行得一分，方才能解得一分，這樣理論和實踐互相資助、互相影響，形成「理事不二，解行相應」的統一觀。

　　雖然事上行的各不相同，但他們卻有一個共同的宗旨，即「破迷開悟，徹證真理」。《妙法蓮華經》云：「諸佛世尊唯以一大事因緣故，出現於世。」所謂大事因緣，就是要讓眾生明白人人都具有如來智慧德相，人人本來具足智慧覺性，這個覺性要從非常立體的方向去認知它，即所謂的「體，相，用」三方面來假名研判。

　　從它的體性方面講，是廣大圓明，恒常不變。而它的相狀

方面看，是清淨湛然，圓滿時空。再從它的作用上講，是隨緣應用，萬化無礙。它是一切事物的真實相貌，所以叫做實相。因它又是萬法的究竟體性，所以也叫法性。認識到它，才能真正看清宇宙人生的真相。

禪門裡常講的「萬古長空，一朝風月」，實際上就是一個迷惑許久的人，忽然認識到了這樁事實所發出的感慨，也是借由中國古文魅力所傳遞的一種特有的文化情懷。

中國人要瞭解自己的禪宗文化，就必須要理解到它根本的精神內核，也就是一切眾生本具的光明覺性，它並不在邏輯思維推導的範疇之中，其一旦被主觀偏執的觀念想法所障蔽，不但令它無法顯現，生命與生存的課題，終將在一次次的盲人摸象之中漸行漸遠，永遠到不了真理的彼岸。

所以一切通途佛法的核心理路，就在於明悟心性而最終徹證心性。假使心地不明，阿賴耶習氣去了又來，煩惱隨滅隨生，苦果無從解脫。這樣雖然在學佛，卻很難得到實益，譬如在暗室之中，雖然打掃塵垢，清理積物，卻苦於無從下手。《大日經》講，「云何菩提，謂如實知自心」。由此可見，實踐佛法，應該建築在自覺的基礎上，由依法修行，進而得定開慧，明心見性，掃蕩積習，徹證真理。從原來思維妄想的狀態下，轉變為如實觀照禪定，在由現象滲透本質，最終解脫生死苦厄，成就無上覺果。這是學佛的具體內容，也是根本宗旨。

而我們中國漢地修的禪定，俗稱「祖師禪」。問念佛是誰？一句話頭直接消滅我執，找真我。這就是真如實相觀，這種法門必須是上上根基的人，把我執、我見一切都放下，所有眾生就是因為我執太重，修這種禪觀第一個就必須徹底的離開「我」

這個概念相，離相才能和真心相應。無我，無人，無眾生，同時沒有這三種相的相續，即無壽者相，不被這四種相所牽，再由這種觀照的慧力漸漸深入，處處照顧追究，功夫嚴密緊湊，自能得力。

也許有人認為明心見性似乎要求較高，不是一般人所能領會，的確眾生根基千差萬別，為了照顧不同根基，給以不同的教化，佛陀也是於一佛乘中，說二說三，方便接引，這也是不容忽視的事實。但學佛下手時因地不正，一味自卑自屈，不向著一佛乘中求，不能立大願、發大心，怎能有所成就？況且我們平時造業受苦，正因為不明心地，學佛如果不從明心下手，就等於外道凡夫，因為心性不明勢必心外取法，最終只能是重走老路、生死顛倒。

也正因為此一心、一實相法印如此重要，末後才有歸本法輪中，佛陀於法華會上開權顯實，會三歸一，歸根結柢的說出「唯此一事實，餘二則非真」這樣提綱挈領的開示。再者佛法能千百年流傳深廣，影響中國乃至東亞、南亞大部分國家，也是因為有這個根本真理作為它的精神實質，否則廟宇雖在而徒存宗教形式，再過若干年，世人將不知學佛為何事何理，對於整個佛教的前途乃是存亡堪憂之大事。

之所以這樣著重筆鋒介紹真心法性的重要性，因其還連結著密法的核義理，由顯入密的修行次第也是佛法正機。密宗修法的特徵是以「口持真言，手結印契，意做妙觀」的三密相應瑜伽為妙行。由於行持時，以本尊的清淨三密「咒，印，觀」加持於我們身口意的三業之上，互相融匯涉入，一體不二，自力他力配合，使我們的身口意都入於不思議境界，便能迅速轉變第八識的

有漏種子，發起本有的無漏種子（明無漏種子，法爾本有，不從熏生，出自《成唯識論》），成就清淨光明的淨菩提心。

密教的傳承，有寧瑪、噶舉、薩迦、格魯四派。自蓮花生大士入西藏以後，爲藏密寧瑪派奠定了基礎，他的教旨是依秘密蓮華部心義建立，以部主阿彌陀如來所得妙觀察智爲本智。但蓮華部含攝的種類既廣，其修證方法也各隨其本尊的體相而有差別，只是旨趣還是一樣的，紅教修持的方法最稱完備，因效力很大，如果傳給不適當的人，流弊很多。自後有格魯派宗喀巴大師，出而整理教法，於世有黃教的建立，兩教的修法，本質上沒有多大差別，因爲考據黃教的淵源，亦是秉承龍樹菩薩所傳的蓮華部法，且同以護持自他清淨菩提心爲主，只是黃教更趨重戒律，以眞實成就蓮華部清淨光明爲教體。

密宗的修法可分爲四部，

第一，**事業部**。即是做息、增、懷、誅四種事業。息就是消弭一切傷害，除自身內外之一切障礙。增就是增加財富、壽命、福報，乃至子息增長。懷即是增加權勢地位等人脈護法。誅就是破除一切怨敵與仇讎。

第二，**行持部**。即初修入門之時，所做的觀想行持，以自身的內觀修行爲主的方法。

第三，**瑜伽部**。即依法修持的三密相應，要通過與上師、本尊相應，進而達到自力與佛力、自性與佛性相應的方法。

第四，**無上瑜伽部**。此部可分爲三等，一者大相應，行者以眞言加持，入妙明境界。二者圓滿相應，行者本身即妙明境界，三者，大圓滿相應，其中包括大圓滿心要乃至層層入深的修法，到這裡法界全是一心，含融萬物，心佛一如，一切圓滿，歸

於無得。

　　由於密宗的受法依照規定必須經過軌範師灌頂的手續，而又各有印咒，文字上本該暫且略過，但今時對大慈悲導師地藏菩薩抱存信心者還是猶有不逆，如能通過筆者介紹能篤定與菩薩做本尊者，並為之躬身親踐，將其事業部的利益完全獲取領納，同時對很多想進入禪觀禪修的行者打好資糧基礎，做好行持部的修行，筆者完全可以將地藏法門之法本公開公示，讓更多有緣同修能與菩薩結得無上法緣，亦不屈此法本留存於世。

　　在本章中公佈法本之前，先介紹大導師地藏菩薩與滅定業真言。

　　地藏菩薩滅定業真言（注音）：
　　ōng，bō là mò lín tuó níng，suō pó hē。
　　（唵，缽囉末鄰陀寧，娑婆訶。）

　　此咒是地藏王菩薩所說，誠心誦讀此咒可以消滅一定要報的罪業，同時圓滿密教部息、增、懷、誅四種事業。

　　在《地藏菩薩本願經》誦讀本的經首或經後，一般都注有此真言。「地藏滅定業真言」，在中國千年來受持者眾多，得到感應而消去業障或惡業，因而逢凶化吉者不可計數。整個娑婆世界的眾生都與地藏王菩薩有大因緣，有緣者皆可受持滅定業真言，小到對於居家生活，平安健康，眷屬歡樂，大至明心見性，融通顯密修證次第都有幫助，正所謂真言者，諸佛之秘密總持是也。如果專心一致的持「地藏滅定業真言」，就可以接通地藏菩薩的電波磁場，接納菩薩本願力的功德能量，讓他幫我們除去累

生累劫的業力，以及沉重的習氣，轉危爲安。

淨土宗第九代祖師，蕅益大師在《補總持滅定業眞言疏》中，廣明地藏菩薩願力不可思議，謂持《滅定業眞言》可消除業障，滅除定業。大師說：「敬禮慈尊地藏王，神咒善能滅定業。普救無邊五濁苦，紹隆三寶種不斷。

「智旭（蕅益大師），與法界衆生，迷本淨心，已造定業。無明所覆，不自覺知，故於今日，同膺苦報，遠隔正法，遭遇魔邪，倒說大乘，誣毀了義，逐後世微績，忘教主典型。設宣實道，反被譏訶。雖解眞乘，仍虧智斷。歎同修之落落，嗟外護之冥冥。果豈他尤，因原自造。唯捫心內悔，悲仰求哀，恭念地藏大士，無上醫王。滅業眞言，無邊神力，定能拔三障苦，施三德樂。是以專心持誦，速望冥加。」

咒語之後，再者就是上座與手印。

注意：平時不可兒戲結印，結印時必須用黃布或者淨布蓋住。所有手印在散的時候都必須舉到頭頂才可以散開。因爲手印是有威力的，如果散開的時候不舉到頭頂自然散的話，旁邊如果有無形眾生會傷害到它們。

瞭解了咒語和手印之後，再簡單介紹一下修法儀軌：

得法後先將咒念熟，然後上座。上座前，一淨手，二設備一切，三禮佛。房內不必焚香，尤忌好香多煙，故坐在床上爲宜。如出門或不便，即心拜心香可也。

上座有八忌：一忌風處坐；二忌飽後坐；三忌下座即大小便，必得過十分鐘；四忌貪坐。如不依規矩，一時高興多坐，後即退轉，故以一小時至兩小時爲度；五忌大聲持誦而傷氣，最好金剛持，即唇動無聲，自己聽見；六忌身體活動，必致腰痛，伸

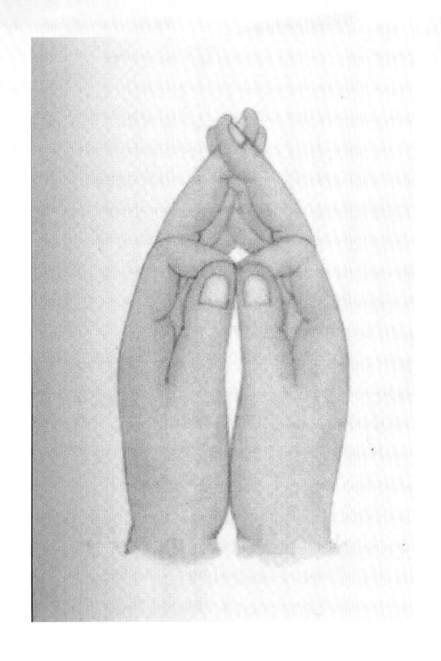

腰當慢，不必過於正直；七忌求見光見佛；八忌見有幻像時，執取而生疑。如聞妙香，或聞妙音，自以為喜，皆可致病。此法既有手印，直證無相門，以心靈為主，不觀光觀字。

有三要：一要在上座時，手印無論如何不能散開。此是身密，所以戒殺盜淫三惡性也；二要口持咒勿停，金剛持，不可說話，此是口密，所以戒口業四惡也；三要心空如佛，自己即是地藏菩薩。觀一切眾生，如醉病之佛，一醒即癒，同體不二。此是意密，所以戒貪瞋癡三惡也。此一法中，戒定慧三法具足，即三業清淨。

修此法後，平時用功最為切要，宜時時注意如下：

（一）不許再犯殺盜淫妄諸罪業，時時改除習氣，否則學法無益；

（二）不許起貪瞋癡諸邪見，時時求開智慧，處處觀空，學習佈施；

（三）不許輕慢他法及未修行人，當平等慈視。不可求神通及名聞利養；

（四）當盡孝悌忠信諸義，圓滿世法。人事盡，方可入佛。

行者應供養地藏菩薩像一尊。無力者，或無處請者，可用他像代之。如實無力，不供亦可，因處處是法身菩薩。修時以黃布或其他淨布，包蓋手印，勿兒戲結印。念咒以音準為最要，可參考音標。坐時雜念紛起，反而更亂。此是好非壞，切勿疑而中止。只要不理，覺得心亂，即顧到持咒，自然心思安密靜定。多思多慮之人，每日精血虧耗，久久不足，關係事業甚巨，尤要多坐。但每日可坐半小時，勿間斷，必可益壽延年，免諸災禍。此

亦亂世避劫之一法。

佛門中有一種說法是，定業不可轉，非報盡不能消定業的看法。據《傳燈錄》四（元圭傳）對定業有詮釋是：佛能空一切相成萬法智，而不能即滅定業。既然如此，佛又為何傳地藏菩薩滅定業真言，真言又是如何「滅」定業的呢？欲回答此問題，有必要瞭解以下幾點：

什麼是定業：《優婆塞戒經》曰：「何因緣故，名果報定？常作無悔故，專心作做，立誓願故，作已歡喜故，是故是業得果報定。除是之外，悉名不定。」

其實業感之與報，皆是自心現量。不能領悟當體三德秘藏；而以殷重倒心，作殷重惡業，必招殷重苦報，名為定業。彼心既定不可挽回。因此，定業能否滅之根本在於定心能否消滅。世尊大慈悲巧設方便，令地藏菩薩說咒勸持，即是轉其定心漸使消滅也。地藏菩薩以大悲願故，遂設方便，而說滅定業真言與配合之手印，學者若能至心懺悔，發心精進，則何業不能滅轉？究竟只在當人一念信受持咒之心耳。真言者，諸佛之秘密總持是也。此咒實為藏經中《陀羅尼集經》所載之地藏菩薩法身印咒，因其梵文有摧伏、散滅、粉碎一切罪業、罪障、惡業，所以行者自當用心踐行。

最後病家需要注意：

此法本不為治病而設，但心定則氣和血旺，百病消除。故病家修此最宜。凡婦人血病、失眠、血壓高、腦病、肝胃病、心臟、氣痛病、怔忡麻木諸病，無不見功極速也。宜注意如下：

凡病者尤宜注意，不問何病，總以保持心臟為主。有開源節流二法：不動肝風，安心寧神，則氣和血旺，是謂開源；思慮

日少，惱怒不生，則血氣不耗，是謂節流。能開源節流，自然長壽。每日修此法者，在此一小時內，必可息心平氣增長血球。有病治癒者，不計其數。但坐時如身子感覺不適，或老病又翻，此與發病不同，係拔出病根，不是壞處，久之自然而癒，切勿生疑而中止。

坐時忽起念紛擾，反而不定，此亦是病人必經過之翻動，只要不理，照常坐，久之自然能定，切勿疑怖中斷。坐時如手印震盪，或身體搖動，此是夙病潛伏根內，當發大願（念曰：我修此法，為解一切夙業定業。舊病雖來，我實歡喜，從此可以拔根，願天下一切同病者，我皆代受其苦；我如修法有成，必普度一切眾生，使皆明心成佛，永斷諸苦）。故發大願為第一要事，每日上座，切勿忘記！

修此法時，身上如何變化，以不理為主。第一要忘病，就像無病者一樣。蓋病係氣血所阻，若心再想著病處，則氣凝結不散，病更難除矣。然總以少氣惱為主。

忌食蔥蒜，忌聞好香。此物易於動肝；大腥魚肉，海鮮活物，易於動欲。且穢惡不相應也。凡身受冤屈入於牢獄者，此是夙業冤報，當耐心忍受。如憤恨鬱怒，必致瘋狂，或且病死。只有修法可以解除，自然逢凶化吉也。

修法不必擇時擇地，只以一心恭敬為主。婦女日日可修，並無忌日。有八年未通經者，一百日即通。雖菩薩加持之恩，亦自己虔修之力，血氣通暢之明證也。

老年人修此更妙，凡腰病不能支者，必可復原。且永無中風怔忡等病。

修滿一百二十日後，如家有病人，可結印念一百八遍或至

一千遍，加淨開水內，使病人服之，則靈驗無比。若使病人自念，則更妙。

地藏菩薩滅定業密法法本：

地藏菩薩滅定業修法儀軌：

1. 淨手上座，至誠心稱念三皈依三遍，

「南無布達雅，南無達爾嘛雅，南無僧嘎雅。」

至誠心念本尊地藏菩薩三遍，

「南無本尊地藏菩薩摩訶薩，」

至誠心念「十方三世，諸佛菩薩，金剛護法神祇一切諸天三遍，」

「南無十方三世，諸佛菩薩，金剛護法神祇一切諸天，」

2.至誠心發願文三遍：

「祈請大慈大悲本尊地藏王菩薩，以及十方三世一切諸佛，金剛護法神祇慈力加被，消我業障，滅我定業，使我身安道隆，善調意樂，廣度眾生，普利有情。」

3.結印，黃布或者淨布蓋住手印，持咒，最低五百遍（每一座勿超過兩小時，初學者以半小時到一小時為好，每天可以修多座）。

「唵，缽囉末鄰陀寧，娑婆訶。」

4. 修持完畢，將手印舉至頭頂上，然後發願念迴向：

「願以此功德，普及與一切，我等與眾生，皆共成佛道。」

5. 頂上散印，按摩，下座。十分鐘內不宜大小便。

地藏菩薩妙難倫。化現金容處處分。
三途六道聞妙法。四生十類蒙慈恩。
明珠照徹天堂路。金錫振開地獄門。
累劫親姻蒙接引。九蓮台畔禮慈尊。

南摩九華山一眞法界本尊地藏菩薩摩訶薩。
南摩九華山一眞法界本尊地藏菩薩摩訶薩。
南摩九華山一眞法界本尊地藏菩薩摩訶薩。

5. 念佛往生與臨終備覽

　　淨土宗是中國佛教大乘八大宗派之一，從它對於我們這個世界眾生的生命歸宿與生死解脫上來講，也許是其中最為重要的流派。它的教義以念阿彌陀佛往生西方極樂世界為目的，所以稱為淨土宗（當今日本因修行思想不同分裂為淨土宗與淨土眞宗兩大流派）。

　　學佛人之所以學佛，大概可以歸納為斷煩惱、了生死、度眾生、成佛道。本師釋迦文佛為了救度生死大海中掙扎著的一切苦難眾生，針對我們惑業的輕重、根基的利鈍，敷演出無量的法門，或漸或頓，或權或實，各隨所宜依法修持，出生死大海，登菩提覺岸。自古在漢傳佛教體系內，禪宗與淨土宗，這二門最有代表性，廣義上講可以普攝一切法門。禪主張離，心，意，識，直指本性，靈光迸露，當下悟入佛之知見。淨土宗也正是徹悟自心清淨平等之土，心土不二。下手方法雖各有不同，但都是直接簡要，非常符合國人的性格，從古到今一直流傳甚廣。

　　但淨土宗除證悟自心的作用外，還有其不共的密義與方便。即法門除自力之外，兼仗他力。淨土宗根本經典《無量壽經》上記載阿彌陀佛在因地修行時所發四十八大願，依大願建立極樂淨土，往生者得佛力護佑永不退轉。

　　這就類似密教的本尊法了，但密宗的仗佛力加持，是先由本尊加持給上師，次由上師加持給弟子，是謂傳承加持。而淨土

宗的佛力加持是由阿彌陀佛直接加持給念誦名號的修行人，並且因其加持不斷攝取念佛人，乃至臨終十念便可往生西方極樂世界，花開見佛得證無生法忍。

這也是淨土宗所謂三根普被，真正方便法門的由來了。而本書著重宣揚的地藏法門，其核心義趣便是依靠地藏菩薩的本願力，現世得到擁護安樂，臨終往生西方淨土，一生成就真正的不退轉。

所以歷來地藏法門一直被視為淨土法門的旁系分支，但也因為這個問題，地藏菩薩以及所有與菩薩的修法被很多人給輕視忽略，不能了知這個法門能夠獲得現世與出世所有一切究竟的利益，這是誠為可歎的。

在瞭解到這個事實以後，一方面我們在修行法門的時候，便可以通過現世生命家庭利樂的獲得，增加於菩薩於佛法的信心善根，末後再通過瞭解淨土法門的核心義趣與不共理論，這樣便能真正全面的把地藏菩薩安立的這個法門做最為透徹的探析，由此進來的學佛人才能真實不虛的，獲得世出世間一切圓滿的利益與安樂。

這種安樂一方面是真理的獲得、生命的完整乃至物質的充足，而另一方面則是更與所有人生死攸關的課題，即臨終的死亡與往生。

況且活在世間，養生送死乃是人倫綱常。在家者孝養父母膝下承歡，但窮畢力，孝僅一世。而六道攘攘輪迴畢竟是苦，佛門中所謂大孝者，必令親人超出輪迴永離六道，往生淨土始乃究竟。

這就要對死亡的歷程做一番深入的瞭解。暫時不談現代醫

學的觀點，從佛家的角度講，人體由「地，水，火，風」四種元素構成，以其遍滿大千世界，故假名「四大」。人身堅固部分，如肌肉、骨骼、牙齒，屬於地大元素，津液、血液、尿液屬於水大元素，體溫又屬火大元素，呼吸屬風大元素，人在死亡的時候四大紊亂繼而崩壞，第六意識隨機陷入重度昏迷。這種昏迷類似夢的境界（夢屬於阿賴耶識與末那識的作用，生死亦與阿賴耶識脫離身體相關）。

而之前說過阿賴耶識就是自性真心的迷失狀態，也就是無明狀態。末那識是俱生我執，是一種對「我」的存在而產生的強烈執著，而本質上一切法中沒有「我」這個概念，我這個概念是所有輪迴痛苦的根本，也是整部佛法要破除的核心內容，即對自我的執著。

但普通人並沒有做過專業的修行，也不明白無我是一種怎樣真實存在的解脫狀態。所以當死亡來臨時往往身心交煎，精神處在大恐懼大恐怖之中，而且對生命身體執著愈深者，面對生離死別的痛苦也愈發深重。

死亡的情狀大約有四種，第一盡壽而死，也就是一般意義上的無疾而終，壽終正寢。第二是壽折而亡，生者往往要經歷一番大苦，臨終也不得安寧，福報用盡而亡，屬於特定的果報。第三種是意外而死，缺乏對生命的敬畏與一時的衝動造成的果報。第四種則不是普通人能了知和理解的範疇，屬於自如而亡。這是修行圓滿者獲得的生命能力，可以自我掌控生命來去，聽起來似乎有些玄談，但這些卻確確實實的發生在佛門之中。

真正圓滿解脫的聖者在面對死亡時，其心態完全迴異於普通人，如民國時期的印光大師，於往生前一個月已經預告大眾，

早做準備。又如禪宗慧能大師，在往生前即預言數年後之事，此二位聖者即能預知時至，自可心不貪戀，意不顛倒，當其往生時，皆能安詳示寂，此等來去自在的功夫，係平日認真修行之果報，作假不得。從教理上言明，聖者以其心包太虛、平等無我，故盡虛空遍法界皆是其故鄉。

這也從側面告知我們，個人的修持之有無，從其往生的情形、臨終的狀態，實有天壤之別。但一般芸芸眾生能夠接觸佛法，對生命做出思考就已屬難得，況且還要全副身心投入修證，更屬難中之難，無過此難。

於此難事，佛陀才特別宣講淨土法門，普勸一切眾生皆要念佛求生西方極樂世界。但是關於這點本身去相信也是一件極為困難的事。不但不信佛教的人不會相信，在已經信仰佛教教理的知識份子中，也往往表示懷疑。他們的目光始終沒有超出太陽系銀河系，或者宇宙大爆炸和黑洞一類的認知。他們不知道宇宙法界在時間上的無限性和空間上的無邊性。

在《阿彌陀經》上，佛曾開宗明義的指出：「從是西方過十萬億佛土，有世界名曰極樂，其土有佛，號阿彌陀，今現在說法。」這兩個「有」字分量很重，佛是身語意一切清淨的大聖者，絕不會有妄語。如果我們只相信佛說的義理，而不相信佛說的事相，這叫執理廢事。既然廢了事，理上也不會圓滿。因為事與理是對立而統一，從來是不二的，又知十萬億佛土，並不在我現前一念心性之外，心性法性是其大無外、其小無內的，甚至都不能用大小、內外、遠近來作為衡量標準。有任何的標準去測定無限本身就是一種妄想和分別情見，是戲言戲論。

既然心性離一切戲論，所以也沒有界限，佛土也原無定

向，佛說西方原是表法，意指一切生命的歸宿，實為即心即土，心就是土，西方淨土去此不遠，就在我們心下芥爾一念之中攝藏。

所以這就是宇宙人生的真相，也就是華嚴一真法界緣起，這讓我們對那個陌生又熟悉的世界打開了，原來還有這麼一個生命的境界，而我們普通人任憑怎麼想像都無法觸及這種境界。

《大方廣佛華嚴經》展開的這種宇宙法界原理，這個平等的心性與森羅萬象的事相，兩者相即相入，互相滲透，圓融無礙。這樣的一個充滿生命哲學意義的概述，具有極高的智慧，嚴重點說，已經不屬於這個世界的認知範疇。

這種微妙的生命境界，它超越了時間，同時也超越了空間，當下這一念可以延拓無量劫，無量劫可以濃縮在一念，念劫圓融而打破時空，須彌納芥子，須彌山可以納入到一個芥子裡面，須彌山沒有縮小，芥子沒有放大，這廣和狹可以相容互攝。

而微小的比如一毛塵，這在廣為流傳的善財童子五十三參的故事裡，善財童子參訪老師普賢菩薩，在普賢菩薩的一毫毛裡面，可以見到十不可說不可說微塵數的佛剎，裡面有著不可說不可說微塵數的諸佛，而無量的諸佛在其中現微塵數的八相成道，度化眾生。

善財童子每跨一步，都能越過不可說不可說微塵數的佛剎，跨一步都有這麼多的佛剎，而佛剎依然無窮無盡。當看到這些概述的時候，簡直就是沒有辦法去體會思惟的，以人類的凡情認知，實在無法想像這是什麼境界。但是它向我們傳達的一種理念就是這一毫毛就是全體的法界，它是重重無盡交光互攝的。

當看到這種不可思議的解脫境界，當下回念返照，就是心

性的不可思議的解脫的一體性德。換句話說，這也是眞正的地藏
法門與淨土法門的核心原理。

　　地藏菩薩表現爲這麼一個菩薩，實際上我們每一個眾生都
在地藏菩薩的心中，再進一步講，每個眾生的內心都有地藏菩
薩。當我們認眞地、至心地修行地藏法門的時候，我們就是地藏
菩薩。所以這個就是心性法界的緣起，我們談緣起講一心具足十
法界，當下這個念頭，當它們落在什麼狀態，就是什麼法界現
前。

　　我們受持五戒就是人法界，貪瞋癡慢疑具足，造作惡業就
是三惡道的法界。修四聖諦就是聲聞的法界，修十二因緣法就是
緣覺的法界，修大慈大悲六度菩薩法就是菩薩的法界。

　　那麼我們以至誠心虔誠歸投地藏菩薩，執持菩薩的名號，
就是地藏菩薩因地上無量修行所產生的法界，至此我們雖然沒有
離開這個世界，但卻能獲得生命無盡的莊嚴，這被稱作依正莊
嚴。這同時也包括往生極樂世界，令佛法界現前，往生淨土，不
退成佛。

　　至此，也可以說完全將地藏法門與淨土的所有核心內容全
部和盤托出，就是這樣簡單而直捷的修行方法，每一個人都可以
去掌握、去獲得。佛陀本師出現於這個世界，最想講的法門一直
都是淨土法門，因他了知一切眾生，從無始生死以來，惑業深
重，愚昧無知，無常執以爲常，無我執以爲我，種種顛倒根深蒂
固，要眾生自己仗自力斷惑證眞，了生脫死，談何容易。所以從
同體的大悲心中流露，無問自說開示這個持名念佛的法門，善巧
地將一顆清淨佛珠安放在眾生染著的心中，念念去消除我們的煩
惱習氣，淨化心地，臨終還能乘著佛菩薩的願力，往生淨土。對

於我們來講，切不能辜負佛陀的悲心，要眞正去實踐，護持這一廣大微妙的法門。

何況在佛門歷代流傳的往生故事裡，這樣的法門眞眞實實的讓一個又一個普通人，甚至動物畜生，再通過念佛或者念菩薩之後，解脫了生死苦海，獲得了生死自如的能力，這在佛門中已經是公開的秘密。這對於每一個都要面對生死大考的我們來說，是何等的迫切與重要。

所以我們在實踐地藏信仰、修行地藏法門的同時，都要發願往生西方極樂世界。「願心」也名菩提心，學佛的同修都知道，發願就是發菩提心，發利益一切眾生的心。但在這裡稱爲願力，是指凡夫能發願之心與地藏菩薩所發之願本質合流，因此凡夫能夠借助菩薩本願威神，往生至西方淨土，繼而能夠借助佛力成佛，這種能因所成、能因所至、能所一如、能借所力的發願就叫做願力，它是果地上的菩提心。

或者說凡夫之願屬於因願，阿彌陀佛之願屬於果願，因之與果同心同願，因此因借果力，果助因成，這種因果一如的願就叫做願力。也可以說，單憑自力的發願就稱之爲發菩提心，借助佛力的發願就可以稱之爲願力。淨土法門與地藏法門都注重發願，若無願力不能往生，所以佛說：「應當發願，願生彼國」。

或者也有人說：「不發願不行嗎？」我們知道，在世間法中，願就是願望、希望或者渴望達到的境地或者目標或者結果，也可以說是付諸行爲之前的思考或者動機或者計畫，人在世間生活，任何行爲之前都有一個思維，佛教稱之爲思業，想好以後付諸行爲，這個行爲稱之爲思已業，思業和思已業都稱之爲業，其中這個思業就是願望。

　　世間法尚有願望，何況出世間法？若無願力何以成佛？假如不發往生的願，那就流於貪瞋癡的願望之海，因為我們不可能做到無念頭、無妄想、無分別、無執著、無思維。

　　凡夫之人都有貪瞋癡，例如看到別人富貴快樂，也希望自己將來如此，這就是在貪心驅役下才產生的私己的願望，有了這個願望或者動了一個類似的想法或者心念，則今生所修的善的福報必因此願望而於將來實現大富快樂的初衷，所以說「福德如牛，願如御者，御者所指，福德所致」。當然這個例子中的願望是輪迴之願，求富貴的，屬於下士道。那我們在生死海中的眾生為何不發出離輪迴的往生之願呢？若發往生之願，則一切福德也必然因願受果，最終入不退轉之淨土而成佛。

　　這也是末學花時間整理地藏法門的初衷，衷心願一切眾生同入地藏菩薩大願法界之內，同入西方彌陀性海之中，同成佛道，圓滿今生。

《第一部完》

第二部

「菩薩之願　治癌密要」

1. 改變

　　我們來到這個世間，每個人活的都不容易。

　　不論富貴貧賤，大家內心都有一種無以名狀的悵然若失。一種精神上的惘然，讓我們對生死與無常、聚散跟離合，都只能保持緘默不語。

　　這是一個艱難的時代，但承認這一點對我們來說卻很困難。

　　原因是我們失去了幾千年來一脈相承的傳統文化，那些精華的東西沒有得到很大的傳承，

　　我的父母輩，甚至很多人終其一生，都活在失落和迷茫裡，接受著西方文化的衝擊，

　　同時摒棄自己所謂糟粕的文化，不知自己何處來，百年以後又將去往何處。

　　就像把頭埋在沙子裡的鴕鳥，大家都沒有商量卻保持默契，在我尚年輕的時候，我周圍的人都在談論美食、家人、朋友、愛情、婚姻，就是不談生老病死。

　　這其實不能怪他們，因為在那種精神貧瘠的年代裡，連一丁點關於人生、關於真理的探討，都是奢侈的。

　　我不否認物質是極大發展了，眼界是被打開了，但越是這樣，就越難聽到零星半點、有邏輯的、成系統的、一種普世的、不那麼虛無主義的觀點。

大家都被催眠了，覺得生命就是偶然的，是物質演化過程裡偶然產生的這短短百年時光，而我們應該充分利用這百年的時間去享受、去造作、去放肆、去折騰，無所顧忌，好像本該如此。

但當物質極大滿足後，欲望卻急速膨脹，很多人在大膽肆意的嘗試過後，卻發現各種身體、心理的疾病找上了門，家裡人罹患絕症，生離死別來的如此猝不及防，生理和心理上每一種疼痛都讓人沁徹心骨，並且依舊後勁十足。

但這些都不足以與人說，何況人生不如意之事十常八九，我們只在其中學會了善忘、隱藏、僥倖，以及漸漸變得冷漠麻木。

很慶倖，其中有一些人找到了信仰，也許是某個宗教，或者說財富、事業，然後形成自己的圈子，找到屬於自己的精神食糧與共鳴，形成自己的精神壁壘，進不去更出不來。

不論是掌握社會資源的精英，還是朝九晚五的普通打工人，無時無刻不在想著PUA別人，無時無刻不在想著精神控制其他人，這樣才能為自己的生活行為方式找到一種邏輯自洽，否則就會活不下去。

而事實是，有些事總要有人去做，去啟發身後有真知灼見與崇尚真理的同類與後輩們，當擔子來到這一代人身上，我們該為自己的文化砥礪奮進，打破成見桎梏，掙脫枷鎖，恢復它的本來面目。

在佛教領域，在它的哲學領域範圍，在有漢民族之後的兩千多年裡，它的思想一直都有著奪目的、直擊心靈的光芒，

如果不去把這種美妙的理論思想承接下去，把它核心的觀

念傳遞給普羅大眾每一個人，我想我們會是這個民族的罪人。

古人建了那麼多寺廟，造了那麼多大佛，歷經千百年風吹雨打，一定有他們堅定的理由，如果沒有一種震懾性的，如獅子吼一般的教理，整個國家與民族，那麼多的朝代更迭，早該把它塵封在博物館圖書室的一角，早該在歷史的熔爐裡化成灰燼，而非在整個東北亞、東南亞，甚至在整個世界，依舊勃勃生機，

這種血溶於水的狀態，這種共同的記憶與民族底蘊，我們應該去顯發出來，找回曾經的精神富足感與文明優越性，

每個現代人應該瞭解自己的文化傳承，瞭解中國人還有另外一種活法，也許是更符合這個宇宙與人類的活法，符合眾生與自己的活法，順應天道萬物，順應萬法的規律。

而在這裡我們就從佛門的孝經——《地藏菩薩本願經》開始，瞭解到菩薩的大悲大願，瞭解宇宙其實有這一顆充滿了大愛的浩瀚天心，讓我們幫助家人脫離困苦，幫助別人化解災難，同時也幫助到我們自己，明瞭到我們因至孝而蒙慈恩，因敬畏而蒙典赦，因懺悔而蒙寬恕。

找到此生來這個世界存在的大根大本，真善與仁愛，和諧與莊嚴，虔誠與平等。

以此不再恐懼，迷惘，怨恨，麻木，冷漠，自私，摒棄這種DNA裡錯誤編織的程式，它只是我們的原罪，是與生俱來帶著的一種錯誤意志與慣性，聖人給我們預言、授記，我們都將擺脫這種蒙昧與無明，恢復本有的、天道的、上帝的、自性之法的能量，與萬物相連，與天地相通。

最終，我們都會因「愛」而得救。

2. 心地

　　談佛經，談《地藏菩薩本願經》這部經典，就要先談佛教，作爲影響世界的普世性宗教，其實很多人並不陌生。

　　但談到釋迦牟尼的教化與思想，卻是另一回事。

　　一知半解或者隻言片語是很容易產生誤解的，尤其只要和消極、避世、迷信、玄學等詞語掛鉤，就已經把多數人擋在門外。

　　信仰這個事情很多時候眞的需要一種機緣，有些是原生家庭教育的影響，有些是接觸到一些好的老師和上師，而對於像地藏菩薩以及他背後代表的修行方法，卻是萬難深入瞭解的。

　　所以我們這裡不是一本普及性談宗教教義的書，不是長篇累牘的把佛教各方面的教義、文化、思想通通介紹論證稀釋出來。

　　恰恰相反，我們要談的，是核心思想，是終極義趣，是提綱挈領的，在教內稱爲了義、圓滿的、最究竟的一乘法。因爲《地藏經》即是圓滿究竟的一乘法，是佛教的起點和終點。

　　很多時候我們都對佛教的教理進行了一定地聞思，然而除非你已經歷病苦生死之間的萬難恐懼，切身體會與摯愛親人的生死離別，否則一切教法也不過是無足輕重的隻言片語罷了。所以我們每每看到，最虔誠的地方不是在寺廟教堂，而是在醫院手術室的門口。

　　可是我們要注意一點，在這個資訊爆炸、人人自媒體的時代，我們聽了很多的哲學雞湯理論，也許有自己的一套處世原則見解，所以哪怕讓你穿越二千多年，釋迦牟尼本人就站在你面前，談理論思想，你也未必能信服他。

　　因為他未必符合你的「口味」。小心和注意這種你內在衍生的口味，它會讓你內心變得局限而盲目，充滿一種莫名的攻擊性。甚至一有人進入到你不熟悉的領域，你就會本能的反擊。

　　然後再來看，再來讀《地藏經》，它上面記錄的這些故事，不可以用現代科學眼光去考證。我們今天的科學，說實在，還相當幼稚。我們眼前這個宇宙的真相誰知道？

　　不要以為我親眼所見的，這就是真的，靠不住。你親眼所見，你眼見的功能究竟有多大，你不知道。眼的功能太有限了。我們知道，眼見是靠光明，黑的時候你見不到，是藉著光你才能見到。而光的波不一樣，我們所見的非常狹窄的這一段光波，我們的頻道恰恰好就是這一段，這一段我們看得清楚。比這個光波長的見不到；比這個光波短的也見不得。比這個光波長的，比這個短的也不知道有多少。

　　眼見色、耳聞聲都是這個狀況，這是很顯然的以有限的認知角度去測度無限廣袤的宇宙，哪怕到地球毀滅，科學也不會有到頭的一天。

　　所以，學佛的第一步是完全服從於信仰，以佛的認知做你的認知，而不要被內心的成見、偏見所左右，也不要被情緒、感性所操控。以此為基礎，調整認知，實踐認知，並最終成就認知。

　　這種認知的轉變就是智慧，是幫助我們解決痛苦和煩惱，

是到達究竟彼岸的工具和船隻。從事實上看，沒有一個人會說自己不需要解決生命的痛苦與煩惱。

我們每個人都曾不諳世事，稀裡糊塗過活，不知緣由的來到這個世界，被周圍大多數人所影響所同化，大多時候我們沒有原則，生活做事全憑接收到的訊息與某些約定成俗的觀念，我們並不懂生命，所以也談不上去改變修正生命。

問題就出自認知上，古時候對於每個人教化的側重點在人性的斧正，從一個新生命呱呱墜地，首先需要的是家庭倫理教育，其次提倡人與人之間的道德教育，最後是社會性的因果教育。也許有人會覺得這種倫常的教育似乎過時了，現在的家長對孩子更注重一種開放式的教育，個性的培養與才藝技能的學習。環境在變，時代在變，總不能死在古書裡不知變通。

但佛教的教育顯然與古人的傳統，那種「父子有親，長幼有序，朋友有信」是在同一個方向座標上的。外在的學習與性格的培養不是說不可以，但絕不是一個人成長過程裡的重點。

因為人都是教出來的，我們每個人都有一顆心，會有覺知，會感受喜怒哀樂，這顆心就像一片地，地裡開出什麼樣的花草果實，不僅僅是灌溉施肥，更重要的是種子的培養。

一個接受了倫理教育的人，就像一顆完美無暇的種子，而懂得倫理的意義，這就是道德，道德歸納起來就是五個字：仁義禮智信。這都是從父子有親衍生出來的，父子之間的親愛，本質上是來源於一體的思想，親密無間不分彼此，而後把這種親愛引申到愛天下人，老吾老以及人之老，不但愛天下人，乃至引申到不同物種，能夠想到我們都是一顆鮮活的心，處同一片大地，天地與我同根，萬物與我一體，能夠推己及人，這就是因果教育。

可是在科學昌明發達的今天，因果信仰的這種教育被很大程度上忽略了。原因無二，物質第一性的驅動、讓我們把精神上的問題疏忽了，總覺得信仰就是迷信，就是一種盲目且沒有智慧的表現，但世人恰恰忽略了，宗教信仰的行者恰恰有大智慧。

為什麼這麼說？因為宗教也許有差別，但愛沒有差別。

記得我的恩師在邁阿密講經時說過，全世界人信奉的主，信奉宇宙源頭的那個「道」，其實都是一個真神。

我們都聽說過，《聖經》上講上帝創造世界萬物和人類，《古蘭經》上講「萬物無主，唯有真主」。

這些講的都是同一個造物主，同一個神，假名不同，內涵一致。而佛家不用神這個詞，佛家用法性，用實相般若，都是指諸法的本來面目。

這就好比宇宙有個根本的發動機，CPU，它主宰一切生滅變化，是整個宇宙的中央處理器，我們每一次的起心動念、每一種行為造作，都在為自己程式設計，編織未來的程式。

面對這個永不停歇、永遠讓宇宙運作的中央處理器，到底是一股什麼樣的能量在讓我們幻生幻滅，而我們在其中能否得到最好的果報？

答案就是愛。這是所有宗教的主題和靈魂。而佛家不用這個詞，用性德，心性實相的德能。

我們在生活做事當中，每一次發心、每一次動機，如果能用大愛，用成全別人的心，不自私自利，它的果報永遠都是最好的，但起初的我們懷疑，我們不相信。

在惶惶度日與歷經生離死別之後，我們中間很多人還是相信了，聖人看到了這一點，所以設置了宗教，讓我們虔誠、讓我

們皈依、讓我們恭敬，讓我們學會善待別人，用慈悲心和利他心生活。

因爲它符合性德，符合這個CPU發動機的轉換公式，在你的發心覆蓋到你生活的周圍人事，它就會呈現最美好的結果。反之，則痛苦不堪。

因爲一個人只要想滿足自己，就必定要掠奪他人。你有名，就剝奪了眾生的名，你想有錢，就有人因爲錢少而貧窮，你要吃肉，就有眾生要被宰殺。

就像你在公園散步，看見一窩螞蟻正在忙碌有序的搬運麵包屑，你心中那種恃強凌弱的情緒，讓你把手中的飲料隨意就潑過去。或者你迷上了釣魚，你看到魚兒上鉤以後那種掙扎的狀態，充滿了一種扭曲的快意與欣然的滿足感，更多更多，因爲殘忍，因爲他人的不幸而獲得快樂，並視爲理所當然。

往更大的說，爲了自身的利益，隨意剝奪弱小眾生的生存權，肆意踐踏它們，這種不敬畏生命的態度，活著不能說不愚昧無知，我們捫心自問，是否爲了滿足自己的口腹之欲，肆意的將動物的生命看做不值一提的笑話。

甚至，你可能連這個念頭都沒有過，作爲整個地球食物鏈的最高端，動物的身體就是供我們享受的，毫無感恩毫無畏懼，每個人看上去都如此，所以理所當然。

有這種心的人也一定不會敬天敬神、不會敬畏生命。它是一種橫向性寬泛的心理狀態，最終導致的一定是絕對的自我性，我信你一定要有好處，符合我的利益，如果不符合我的利益，那你哪涼快哪待著去。

這些都是我們曾經犯下的錯誤。所以很多宗教都會做禮

拜、做懺悔、做功課，因為我們的功課都是一樣的，需要與宇宙之間的大愛相連結。

在佛教裡，我們要做的第一件事就是發願，眼下如果你和你的家人正碰到棘手的病情，這是一個契機，你一定要在內心這片充滿無限可能的心地上發願，只要我和我的家人能過這一劫，將來一切一切的苦難眾生我都願意去幫助他們、去愛護他們，只要眼下能過這一個關口劫難，我要度化一切有情遠離苦海，畢竟安樂。

為什麼佛門裡首要提倡發願，一直要提倡願力大於業力業障。因為我們生命中遭遇的一切，都與我們的內心息息相關，一切物質與精神的本質就是心的本質，是同一個真神，同一個法性的本質。我們的未來不能離開當下內心栽培的種子與業力，生命的相續是重業先牽，想要離開當下這種重大的推力，只有比這個力量更大的業力才能去轉動。

這就是我們的願力，就像你的內心栽培出來了有毒的果實，現在唯一的辦法就是讓這種有毒果實沒有相續的養分，讓它枯萎、萎靡、乾枯。也許有人會問，世間很多人也會發出這種心力，一旦家裡人出點問題，恨不得抵壽十年二十年來化解。

但這種願力是沒有力量的，換句話說，它的果報不能覆蓋眼下出現的果報，要解決特別棘手的難事，只有利益一切眾生的果報，才能滅除一切業障，這也是整個佛教存在的脈絡與體系，所以同樣的一顆心，為什麼不能盛滿大愛的牛奶醍醐，而非要裝著毒藥鴆酒？為什麼不能用慈悲和愛去莊嚴我們的內心，而非要用自我的煩惱和欲望去填充和滿足。

近代經濟學家亞當斯密曾經說過，我們在這個世界上辛苦

勞作、來回奔波是爲了什麼？所有這些貪婪和欲望，所有這些對財富、權力和名聲的追求，其目的到底何在呢？歸根結底，是爲了得到他人的愛和認同。

　　因爲我們心地的本質就是宇宙的本質，它廣袤、無限，容納萬物，所以你的欲望永遠無法塡塞圓滿。如果你能明白這個道理，你也就能明白我在這裡要講的第一個解決絕症的方法，發大願去愛護你所能看到的一切、聽到的一切，這一切的一切，它們存在在我們的周圍，就是爲了讓我們學會愛。

3. 加持

　　上一章節講到的心地與發願，在佛門裡稱為體和用，心是體，所以一切法從心想生，發願是作用，所以願力大於業力，這是總持法門。

　　注意這裡講的心不是我們邏輯思維的意識心，我們現前的思維狀態是因環境而有的生滅心，是因物質而衍生的妄心，這種妄想心背後的源頭是分別心，是把自己與萬物割裂開的我執心，也因為這種心，我們生活在了這個生死業力主宰的世界。

　　因為不管我們用的是什麼心，這片心地都會給你回應，都會開花結果，我們習慣了用分別意識心，這個宇宙所有的能量就變成業力，如果你悟性夠高，如果這個能量轉過來，就是諸佛菩薩金剛果地上的佛力，法界一力。

　　所以成佛也是由心的能量而成就的，在教內稱為菩提心，也就是我們上一個章節講的大愛心、無分別心、大慈悲心，把眾生看成我自己，這種願力，就能讓天地宇宙的能量源源不斷地流入你的身體，反之，當你的內心充滿了怨恨、恐懼、無奈、嫉妒、煩惱的時候，你的能量會迅速流失。

　　所以我們的發心必須是發自內心深處，是毫無虛假的一種悲天憫人，絕對不是裝出來的，那麼這種心地發願的總持法門，才能最大限度的幫到你現前的生命，願力大於業力，生命就會獲得不可思議的莊嚴。

在《了凡四訓》裡記載，袁了凡先生學的很少，他或許並不明白以上的佛理，也沒有把菩提心的願力發到極致，但他卻在十年裡真實地做了三千件善事，每日記錄。三千件善事，就是三千次善願力的種子，在他的生命裡次第花開，不斷啓動他的能量和智慧，渲染投射出更多美好的現實世界畫面和體驗，徹底改變了他的人生命運和軌跡。

所以我們的現實環境，在聖人的境界裡根本就是假的，它是時時刻刻都在隨我們的業力而改變的，凡所有相皆是虛妄，並不是說客觀世界不存在，而是告訴我們它會起變化，並不是我們想像中的那麼唯物而嚴謹，這是一定要注意到的。

就像今天的量子力學告訴我們微觀世界的真相，這種科學理論的突破和思考已經有很大的普及了，在人類思想進入到量子世界的時候，其實它與我們正常的認知還是有很大偏差的，

牛頓經典力學與愛因斯坦相對論，已經對現行世界運行的規律有一個歸納和總結，並且也被這個世界嚴絲合縫的驗證了。我們可以精確的計算出五天、十天甚至一年以後，所有這些觀測到的星體會運行到哪個位置上，並且絲毫不差，所以愛因斯坦提出上帝不擲骰子，物理世界的一切都已經是被安排好的，每個人，每件事物，這種物質的狀態它都有當下這一刻的絕對存在性，按照他的思維邏輯，我們只要去發現其中規律並加以佐證，而微觀世界不該是現在被看到的這般玄奧模樣，充滿了隨機和無序，量子那種不確定和沒有絕對存在性的狀態，和整個分子原子構建的宏觀世界完全不一樣。

其實他的疑惑在佛教的觀點裡並不是很難解釋，因為現在西方幾乎所有的物理學理論，都是徹底以物質做基礎在研究，它

們忽略了一個最大的根本，就是精神。

物質和精神在佛法的世界裡是一體的，是不可分割的狀態，可能有人乍聽馬上就會問，照你這麼說，我眼前的電腦、手機難道也有精神，高樓大廈混凝土鋼筋也有思想，你這不是胡說八道嗎？

這種理解是狹隘的，所謂的一體，是指物質和精神來源於一個更高、更深、更廣的領域範疇，簡單來講，物質是我們思維以後的產物，是認知以後的狀態，在你認知到這個人類世界與地球，太空的時候，這種物質概念的框定與每個人的精神是被捆綁的，它不是這個世界和宇宙的真正狀態，就像時間是假的一樣，是我們的認知造成了這種狀況。

而凡是相對性的東西，就不會絕對存在。所以微觀世界才更像佛陀所說的，真正世界的真相，因為它的疊加態充滿了變數和不確定，你要想固定某個量子當下的真實狀態，那必須用你精神的觀察去框定它才行，「波粒二象性」也由此誕生。

再者觀察到量子不規則運動的狀態，因為人的精神世界本不是一種規則性的概念，它充滿了變數，就像你現在可以選擇去找朋友喝酒，也可以去電影院看電影，找朋友喝酒，你又可以選擇去買一瓶葡萄酒、白蘭地或者朗姆，但真正當你選擇過後，它又會是一種固定的狀態，因為你最後哪兒也沒去。從因到果，雖然其中充滿了隨機性，卻又那麼宿命論。

所以生命就是你當下無數次的起心動念，無數次的選擇過後彙集成的一條活動軌跡，再經由生命的根本能量變現為你所處的時空宇宙，我們現實環境，一秒鐘就有二千一百兆次的生滅，這是佛陀所說的真相，我們要常常如是觀察，這一樣能開悟。

「眼耳鼻舌身意」這六根作用在「色聲香味觸法」的境界上，看到的是假的，聽到的是假的，聞到的、接觸到的全是假的，沒有一樣是真實不變的，而生命的根本能量，所謂的真心，我們的心地，它是不生不滅的，跟我們所感覺到的幻想糅合在一起。

舉個例子，就像我們去電影院，看到大螢幕上各種畫面，螢幕是真的，裡面的畫面就是假的，螢幕裡的畫面是每秒二十四次生滅的膠捲底片構成，一秒鐘二十四次的轉換，就讓我們把它當做真實，何談真實世界每秒中接近千兆次的生滅速度？

但這個事情卻也神奇，螢幕裡的畫面不妨礙螢幕，真的不妨礙假的，假的不障礙真的，同時起作用，真的螢幕永恆不變，假的剎那剎那在變，如果我們在其中不起心不動念，就能破妄見真，就能真正找到我們不拘一物的心地自性，就能真正明白原來世界一切萬物都從這個地方出生，也回歸這個地方，這才算找到自己的本來面目。

而諸佛菩薩都以找到了自性，證得了不生不滅永恆的本來。再由它的菩提大願，與一切眾生結無緣大慈、同體大悲的生命實相。我們確確實實與諸佛菩薩同在一個身體上，佛教稱為「法身」，同在一個法身之上，這才能談到他們對於我們的加持。

所以學佛修行進而改變命運，最快的方式無過於臨摹佛菩薩的生命軌跡狀態，從發心發願，再到生活做事，都是以成就佛菩薩的生命品質來做標準。

瞭解了這一點，我們再來看整部《地藏經》所有的故事架構，就是從發出孝心開始，這對於每個人來說並不會非常困難，

父母是我們在這個世界上最親密的人，我們也因為他們的存在，他們面臨的一些困境，很容易發出至誠的大孝之心，這種心就符合地藏菩薩的心行軌跡，再借由這種心力，把它擴大，擴展到整個人類世界，最後推向無限，這就是成佛之本。

有了根本，有了本錢，再來按照整部《地藏經》標本的修行方法來修正自己的生命狀態，利益自己的家裡人，就能得到地藏菩薩最大限度的加持與照顧，所以這種以整個佛教哲學體系建立的生活生命體系，這種治療絕症的方法論證，都是有理有據並且如臨床醫學對待病患一樣，是一種極其恭敬而虔誠的治療方式。

我們都知道每個醫生都穿著白大褂，象徵著救死扶傷的聖者與天使，是對所有受苦受難大眾的關愛與救贖，所以本人寫這本書，並不是要站在所有醫者的對立面，而是現在醫學的哲學理論是有缺憾的，是建立在不完善的唯物哲學之上的科學，每一個大醫院都有病理科室，對於每一種病例都在虔誠的研究與分析治療方案手段，而本人所論證的這些觀點，以及下面要介紹的佛教裡面的治療方案，都是在研究了我們中國文化精華的哲學觀點與方法，是值得嘗試與實踐的。

這不是一種宗教洗腦式的佈道，而是對於真理的探討，對我們自己祖宗、民族、文化的一種自信心，我們已經崇尚西方文化很多年了，而人生命的幸福指數卻倒退了。回看今日之世界，物質文明之發達，好像是歷史上最幸福的時代，但是人們為了生存競爭而忙碌，為了欲海難填而煩惱，在身體和精神上，也可以說是歷史上最痛苦的時代。各行各業都在千方百計引誘別人消費，將生存生活的理念徹底引到膨脹欲望的方向，使大眾感到生

活代價很高，活的很累，煩惱很重，我們的心都被催眠了。

　　現代意識行為療法認為，人的生命需要提升自己的意識能量自由度，在面對人事環境的紛雜，讓靈魂更自由、更純淨。這和佛教的看法是類似的，而《地藏經》上佛陀為我們開示修行的方法也很純粹簡單，就是用真誠心、至孝心、大悲心去讀誦這整部經，念誦南無地藏菩薩聖號，與菩薩做心地上的連結與增上緣，讓地藏菩薩的能量進入到我們的內心，不要覺得這好像很簡單是否會有效驗，你內心要有一種信念，生命中所有一切的不幸和匱乏，將從我這裡終止，一切真善美的境界，將從我讀誦經典開始。

　　「我某某人發願，我將斬斷祖輩親人顯現之下諸惡所致業力，我接受，理解，寬容，慈悲，佈施一切。我要修正根深蒂固藏在身體裡的負能量。前方皆是聖賢的背影，所行之處皆是聖人的慈悲與寬恕，我發願將成為他們。生命世界所有發生的一切，皆是對於我的成全與恩賜，我明白，『我』是一切的根源，而愛與孝才是解脫一切苦難的答案。無畏付出，一切利我溫和，一切利我有愛，一切利我美好。」

　　在這種內心的發願下，按照下面介紹的儀軌，去修行一些充滿精神儀式的佛教密法，哪怕你沒有專業學習過其中的理論知識，一樣可以得到佛菩薩與本尊的加持。

毗盧遮那佛大灌頂光真言加持儀軌

一，先持三遍《三皈依》

皈依佛，皈依法，皈依僧。

皈依佛兩足尊，

皈依法離欲尊，

皈依僧眾中尊

皈依佛竟，皈依法竟，皈依僧竟

二，再念三遍「南無本師釋迦牟尼佛」

三，誦《大輪金剛陀羅尼》二十一遍

拿摩司得里牙提維嘎難・打他噶打・難。菴。維喇及・維喇及。嘛哈・佳割喇・乏及里。灑打・灑打。灑喇得・灑喇得。得喇夷・得喇夷。維達嘛你。三槃戛你。得喇嘛底。細達・掰里牙・得覽。司乏哈。

四，結手印，誦毗盧遮那佛大灌頂光真言5-30分鐘。

嗡 阿摩噶 尾盧左曩 摩訶母鈉羅摩尼

波鈉摩 入瓦拉 波喇瓦多野 吽

在結好手印誦咒的同時，心裡觀想梵文「啊」字，觀想心

月輪上有一金色梵文「啊」字放光普照一切。梵文「啊」字爲胎藏界大日如來種子字，蒙照觸者皆離苦得樂。

手印如下：

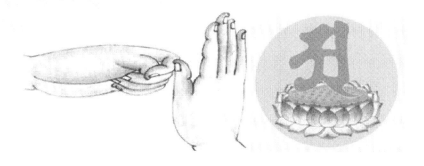

最後迴向：把修行儀軌功德迴向給自己的親友眷屬。

金曜孔雀大明王真言加持儀軌

一，先持三遍《三皈依》

皈依佛，皈依法，皈依僧。

皈依佛兩足尊，

皈依法離欲尊，

皈依僧眾中尊

皈依佛竟，皈依法竟，皈依僧竟

二，再念三遍「南無本師釋迦牟尼佛」

三，誦《大輪金剛陀羅尼》二十一遍

拿摩司得里牙提維嘎難・打他噶打・難。菴。維喇及・維喇及。嘛哈・佳割喇・乏及里。灑打・灑打。灑喇得・灑喇得。得喇夷・得喇夷。維達嘛你。三槃戛你。得喇嘛底。細達・搿里牙・得覽。司乏哈。

四，結手印，誦念孔雀明王心咒真言。

在結好手印誦咒同時，心裡觀想孔雀的尖嘴進入疼痛處（若無疼痛處，可觀想頭頂有孔雀吸體內黑氣）。

手印如下：

⊙孔雀明王印

兩手內縛，左右拇指、小指直竪各相拄。

真言 ①唵 ②摩庚拶迦兰帝 ③娑缚贺

①oṃ ②mayūrā-krāme ③svāhā

最後迴向：把修行儀軌功德迴向給自己的親友眷屬。

本尊地藏菩薩滅定業真言加持儀軌

一，先持三遍《三皈依》

> 皈依佛，皈依法，皈依僧。
>
> 皈依佛兩足尊，
>
> 皈依法離欲尊，
>
> 皈依僧眾中尊
>
> 皈依佛竟，皈依法竟，皈依僧竟

二，再念三遍「南無本師釋迦牟尼佛」

三，誦《大輪金剛陀羅尼》二十一遍

> 拿摩司得里牙提維嘎難・打他噶打・難。菴。維喇及・維喇及。嘛哈・佳割喇・乏及里。灑打・灑打。灑喇得・灑喇得。得喇夷・得喇夷。維達嘛你。三榢戛你。得喇嘛底。細達・搿里牙・得覽。司乏哈。

四，結手印，誦念菩薩滅定業真言5-30分鐘。

> 地藏菩薩滅定業咒語：唵，鉢囉末鄰陀寧，娑婆訶！

在結好手印誦咒同時，心裡觀想梵文「赫」字在心臟處放

藍色光，借菩薩威神，宿世定業消滅。

手印如下：

藍色赫利（hrih）

最後迴向：把修行儀軌功德迴向給自己的親友眷屬。

4. 三密

　　雖然以上講了很多修行治病的話題，但我們也要瞭解，人生有磨難、有障礙，並非一定是壞事。

　　就像淤泥對於蓮花而言，並不是詛咒而是祝福，繭蛹對蝴蝶來說，也並不是阻力而是助力，每一個困難和障礙，事實上都是一種隱藏的祝福，都是上天的厚遇。

　　如果自己和家人多病，身心不安，要常自懺悔、自省，一定是對於天道有虧欠的地方，深信因果有敬畏之心的人，才能得到上天的眷顧。

　　更何況佛教裡常講，念身不求無病，身無病則貪欲易生。對於身病而言，心裡的貪欲才是我們要療治的最大病症。

　　內心的欲望如不能時時加以節制，身心內外定然不安，焦慮症、抑鬱症、恐懼症等等，都是由於我們不瞭解自己，也不瞭解這個世界導致的。

　　站在佛教的立論上講，內心沒有信仰，任由欲望肆虐，很多病苦也不見得能通過修行來轉化，因為所有的病，說到底都是心病，一個訊息結在那裡，需要清理就要轉變自己的一念認知，更多的時候，我們內心需要有領悟、有悟處，這種結才能打開，外在的身體上才有大的轉變和康復。

　　所以很多宗教特別關注公益和慈善，佛教中稱為利益眾生，其實什麼是眾生？眾生就是我們心中種種的相，是我們的執

著所在，著一切虛妄，認一切爲實，而度眾生就是要剷除心中的一切執著。

一切外在的境界相都是幻影而無實體，然後才能明白，我們的煩惱處即是著相處，貪婪溺愛就是著相處，種種的埋怨、得意、嗔怒、偏見等等所有強加給別人和自己的執著，都是我們的大病。

再者，我們看到的大千世界，是大腦渲染、投射的影像而已，這個相是由光線、色彩、概念、評判、感受、欲望、情緒、回憶等一堆虛幻的東西構成，我們活在其中，卻產生了很大的煩惱和情執。尤其是情執，它也是所有執著中最難破除的一種貪欲，因爲我們不瞭解，愛是本然充沛的一種能力，法界宇宙中一切都在變，而唯有如如不動是佛菩薩的慈悲大愛。如若我們不去迎合這種狀態，那就深深陷入無明障礙中，把這種愛變成自私的貪愛，然後也就有了我們現在所處的世界和眾生，完全不知道，這個宇宙的內核，就是愛。

所謂的欲界，即大愛的法界，被我們的心劃分成了一道道貪婪的界限。從無限到達了有限，從「無」的狀態到達了「有」的狀態。

每個人都貪，最大的貪，就是渴望被認可、渴望被愛。人和人相處爲什麼那麼困難？因爲我們都在學習表達愛的能力，又或者尋找被需要、被愛的證據。很多人不知道，你求什麼，什麼就會控制你，就會傷害你，而對萬事萬物能生出慈悲大愛，任何情況下都傷害不了你，這種慈悲的情懷，正是你修了自己的大愛之心，這才是眞正的昇華了你自己。心靈的成長，靈魂的淨化，維度的拉升，世間的情愛無非是對我們顯示出自己有愛的能力，

是見到本自具足的自己，也見到了本來的那顆法界之心。「無」不是什麼也沒有，而是一切都存在，在的時候好好了緣，不在的時候也沒有傷害，正是不出不入，唯然一心，我們才能說治好自己的病。

　　所以這一切都需要去練習、去修正、去覺悟，在生活當中去歷事煉心，有了這樣的覺悟，我們再回頭看佛菩薩給我們的密法，讓我們去持咒、結印、觀想，用這三種密壇去印佛菩薩的眞心，才能做到眞正的心心相印，被我們劃分成的界限才能打開，你才能看到這個世界所謂的「心想事成」，這種眞正的奧妙。

　　我們很多人都聽過吸引力法則，這種法則的正解和前提，不是用巨大的貪心隨意向宇宙下訂單，念念增長貪心不符合大道規律，不然宇宙任由貪心隨意顯化，豈不是成了貪心者的菜園子？

　　我們學佛修行是瞭解緣起法，宇宙可以顯化給你一切，你可以借助這種奧秘成就一切事，但你要瞭解你自己內心的緣起和調頻。簡單來說，你必須要把自己調頻到無我、忘我的心流頻道裡，你甚至可以把自己上揚到至誠恭敬、至眞至善的慈悲心境裡，這種頻率和心流才能連結宇宙，從而借助這種不可思議的力量，讓生命裡的驚喜、奇蹟、好運、靈感、智慧不斷呈現，這是我們每個靈性生命都可以去做到的。

　　所以我們可以看到這個世間，錢都流向了不缺錢的人，愛都流向不缺愛的人，如果我們的心不斷的在索取、在貪婪、在想要回報，那註定是一種貧窮和匱乏的生命體驗，因爲他不明白眞正的吸引力法則是你的內心無貪、無嗔、無癡，一顆空明坦蕩仁愛的大心，才能連結萬物。而我們只要校準自己，一切都會給你

回應。

所以我們在上座結印、持咒、觀想的三密相應過後，沒有了主觀和客觀意識，這是一種境界，無我的禪境對應法界的心。

也正是主觀與客觀意識呈現出來的添加物掩蓋了真實的心。人往往都活在這種狀態裡，回憶過去，渴望未來，錯過現在。聖人的風範都是不回憶過去、不渴望未來，只活在當下，又不執著於當下，過去現在未來三際，時空名相概念盡空之際，唯有三密，身心內外才有一個質的飛躍，而宇宙中本尊的巨大能量便與你合二為一。

在這裡除了上篇給到的一些誦經觀想法門，還可以再介紹一些易於修持的咒語，這七種咒語都蘊含極大的能量和加持力，是房山石經上流傳下來的《釋教最上乘秘密陀羅尼集》，非常難得的咒語，幫助我們除病滅罪護佑身心。

每個咒語每天可以念誦21-108遍。

《七咒真言陀羅尼》念誦：

大寶廣博閣樓善住秘密心咒陀羅尼：

唵　嘛尼　乏及里　吽！

金曜孔雀大明王縛魔身印陀羅尼：

達地呀他。嗡。瑪哈瑪由利耶。
薩爾哇。嘎那巴滴。班達班達。
吽。啪德。斯哇哈。

無能勝明王大隨求心咒陀羅尼：

嗡，跋喇跋喇，三跋喇，三跋喇，因捺哩也，尾戌達你，
吽吽嚕嚕，夏咧梭哈。

金剛摧一切罪如來陀羅尼：

南摩　巴嘎瓦嘚　薩樂瓦　吧巴　達哈那　哇及啦呀　達他嘎打呀
喇喝嘚　三藐三布達牙　達地牙他　嗡　瓦及類　瓦及類　瓦及里呢
思哇哈。

除一切疾病陀羅尼：

怛你也他　尾摩黎尾摩黎　嚩囊俱枳黎　室喇末底　軍拏黎嫩奴
鼻印捺囉擬　母隸娑嚩訶。

滅癌滅痔陀羅尼：

怛侄他。頞蘭帝。頞藍謎。

室利鞞。室里室里。

磨羯失質。三婆跋睹。莎訶。

怛侄他。苫謎苫謎。舍苫謎。

苫末泥。舍苫泥。莎訶。

阿彌陀如來滅一切罪根陀羅尼：

曩莫阿哩也。阿弭跢婆也。

怛他　跢夜。阿囉曷帝。

三藐三沒馱也。怛你也他。唵。

阿蜜栗帝。賀曩賀曩。薩嚩播跛寧。

娜賀娜賀。薩嚩播跛寧。吽。發吒發吒。

娑嚩賀。

5. 延命

以上講這樣一個故事，除了彰顯地藏法門的一些特殊性，更是爲了凸顯「延命」兩字的眞實義。命是什麼，就是我們凡夫最看重的人事物，最需要求到的現果報。

也許有人覺得修行力求果報現前，是違背佛教無所得的精神，確實如此，但這裡我們探討的就是解決現前的病苦、苦痛。我們每一個人在嘈雜的生活環境裡，面對負責的人事環境，往往背負巨大的精神壓力，若是能眞修到無所得的心境，往往大的病苦也找不上門。

爲什麼這麼說，因爲按中醫的病理學來說，焦慮症是太要強要出來的，抑鬱症是鑽牛角尖鑽出來的，失眠是愛操心操出來的，胃不好是怨出來的，肝不好是怒出來的，腎不好是怕出來的，結節和乳腺是氣出來的。

今天得的病不是昨天剛得的，而是日積月累慢慢形成的，眞正是病由心生，所以我們這裡講的秘法，就是糾正心的毛病，通過讀誦經典，念誦咒語，調整心率的頻道，震動氣脈，心病還要心藥醫治。

而佛教裡面所有的秘密，那種六耳不同傳的密教，不是私心秘密的密，而是天下一切眾生皆不知道的這個大秘密、大根源，那個大秘密，就是你的心。

你世界裡的一色一香都是你心顯現出來的，你世界裡的一

切作用，都是由心而起，心是萬法的根源，你曾經的壓抑，曾經的委屈，怨恨，都還塵封在你的身體裡，積寒、老痰、宿便、濁氣，還有更深層的淤血，都是這些負面情緒的實體，當它們被挖出來的時候，你曾忘卻的記憶又會浮現出來，讓你重新感受、重新再起情緒。

所以我們老說業障現前，冤家討債，其實真正的業障是什麼？真正的業障就是我們的自私自利，我們的貪瞋癡慢，就是人人這一顆不懂慈悲喜捨的心，任由它胡亂造業痛苦不堪，若是時時學會愛人敬天，捨己為人，定然與天地大道相符，延命益壽本是自然。

由此可知，人其實是不能當做機器一般被對待，每一個鮮活的生命都是一顆共同的心，只有愛才是一切問題的解藥。永遠不要低估那些未被表達出來的情緒，它們永遠不會消失，有機會他們會以更醜惡的方式爆發出來。也不要相信壓力能轉換成動力，你的壓力只會變成病例，人真正的動力源於內心深處對於興趣和快樂的追求，所以盡可能不要勉強自己和別人，樂天知命方為處事養身的第一藥方。

同樣的，對於過去發生過的不愉快，遺憾也好，心結也罷，如果你把自己從受害者的角度調整成倖存者，你所有的煩惱都會變成法喜。就像佛陀當年在世，佛的表哥提婆達多不只一次的害佛，處處和佛作對，可是我們卻在《法華經》上看到佛陀大力讚歎他，「由提婆達多善知識故，令我具足六波羅蜜，慈悲喜捨，三十二相，八十種好，紫磨金色，十力，四無畏，四攝法，十八不共神通道力，成等正覺，廣度眾生，皆因提婆達多善知識故」。

　　同樣的一件事，你如果能看到它有利的一面、積極的一面、可愛的一面，你的心境能轉外面的境界，那你將會真正瞭解心的奧秘。真正的自在和快樂不在外面索取，一切本自具足，內心如如不動，故名如來。

　　佛法的真義永遠在自己身上，莫向外求。本章節末後附上《佛說延命地藏菩薩經》，本經簡短，義理深涵，有緣者可日日讀誦一至三遍，依菩薩本願方便力，轉現果報，調整心性，與菩薩悲願共行。

6. 護胎

　　前一陣，美國關於墮胎與反墮胎法案的出臺，鬧得一度沸沸揚揚、滿城洶湧，反墮胎者多數是純正的宗教信徒，他們遵循聖人的告誡本沒有錯，但有這種傳承傳統的團體還是在少數，多數崇尚自由思想的年輕人秉持我的肚子我做主，不依不饒的與法案推行者做著全面抗爭。

　　此前美國已經有心跳法案的出臺（胎兒如有心跳，若墮胎即視為二級謀殺），只是在西方性解放這種自由文化的影響下，80後到90後缺少了德性教育理念，大量青少年在大學，甚至在高中時期就偷食禁果，導致大量的墮胎這種社會問題，成為女性朋友人生無法彌補的痛。

　　所以牽扯到這種諱莫如深的事情，只能說墮胎，永遠不是一種正確的選擇。

　　在佛教內部有很多懺悔錄，如下這位于居士，早年在醫院工作十二年，是婦幼保健醫生，在婦產科工作。她說，早期墮胎是用人流（刮鉗術）；中晚期是用引產術，用「雷夫奴爾」注射液（有毒）注入母胎羊水中，二十四小時後胎兒將死於母腹中。然後母親會在極度痛苦（比自然分娩痛苦一倍以上）產出死嬰。如果不能產出，醫生就用鉗夾術將胎兒屍體粉碎後一塊一塊拿出來（手術中會對母親造成危險，可造成子宮穿孔；術後盆腔感染；不孕症等）。

　　那如何處置被墮殺的胎兒呢?是將胎兒屍體集中一起然後倒入廁所,晚期墮胎的嬰兒較大,有的已接近臨產,所以有的胎兒臨產下來還會哭,被棄入廁所後仍會聽到嬰兒的哭聲。

　　做中晚期引產術時,最多的一天可引產三至四十多例,有時前期人流再加上中晚期的引產術,一天可達到七十到八十例。在此行業做了近十二年,墮胎人數有數千例。今日懺悔時感到腰部冒涼氣,並有很心痛的感覺。

　　以後停薪留職下海廣東,自己開診所,十年期間為了挣錢,濫用抗生素、激素和輸液,不考慮藥物對病人帶來的副作用(賴藥性、寒性體質、免疫力降低等等)。

　　人做壞事一定要受果報,于居士說早有一種預感。在零四年開始,果報就來了。那年剛好是一位著名歌星因宮頸癌而過世,聽到這一消息,自己竟然跑去做婦檢,檢查的結果是自己也患上宮頸癌。前後不到一個月就做了手術,手術後將被切除的整個子宮拿去送檢,發現子宮是正常的,沒有子宮肌瘤也沒有癌細胞。今日明白因果,無病也要挨一刀。

　　零五年九月,相愛十年的丈夫突然感到我給他很大壓力,沒法在一起生活,就離婚。財產也進行分割。零六年離婚後很失落,自己就想去創一番新事業,結果是屢屢失敗,虧了二十多萬。由離婚分割財產到事業失敗的虧損,讓自己由百萬富翁一下子變成負債八萬的債務人,只留下不動產兩套房子和一個鋪位。沒有變賣,因當時賣不出去,生活一下子就陷入困境。

　　後來,于居士遇到了聖賢教育,她的命運開始轉變了,她說:「很幸運二〇〇七年開始接觸到《地藏經》。自己就開始閉門學習十個月左右,逐漸對人生宇宙有一定瞭解,感到因果的可

怕，才知道自己造業深重。所以就按法師講的去做：放生、印
經、懺悔吃素。自己生活簡單只吃兩餐，所有手機停用，只留下
一個家裡的電話。

「當時就決定今後選擇的事業一定要有益社會大眾。如果
是命中有錢終須有，命中無時莫強求。三個月後于女士便感到心
裡沒有以前那麼煩躁。這樣九個月之後，她去了某個道場參學半
個月。回家後她自己很希望做的事業就有人主動找上門來。隨後
她開了一間養生館：從事中醫經絡術（推拿、針灸、原始點、火
罐）。半年後還清八萬元債務，一直到今，事業都很順利，身心
健康，家庭幸福，兄弟姐妹都學佛，她的前夫也成了佛友，她現
在很快樂，她非常感謝十方諸佛菩薩、尊敬的傳法和尚阿闍梨及
護法神。」

以上講這些事情也並非是要講墮胎對生命健康的影響，也
不是要向青年的一代強行灌輸某種生活理念，而是在不幸發生之
後採取的補救與贖罪的方法，在佛教看來，如果沒有相應的懺悔
方法，後果是極其嚴重的。

所以我們要保持一種敬畏心，給自己的靈魂留一點思索的
藍天綠地，墮胎，即是殺生。此種因，感召多病、破財的花報，
正報爲短命，三途。

這一點《佛爲首迦長者說業報差別經》，《佛說長壽滅罪
護諸童子陀羅尼經》上都有過記載，我們這裡主推後者，護胎，
免報，滅罪。

《佛說長壽滅罪護諸童子陀羅尼經》，這也是地藏法門系
的經典。凡是業報重罪，難以懺悔的障難，地藏菩薩都是特別護
佑加持，真正是眾生造業廣大處，便是菩薩重願宏深處，乃至佛

門中難以轉動的定業（今生後世一定要受報的罪障），依靠菩薩的本願力與滅定業眞言，一樣能夠懺除。

生命的關卡與不順利是很多的，現代人之中尤以不順利的婚育爲多，你想與某人結婚，偏又結不了，這是不順之一。你不想與某人結婚，偏讓你結婚，這也是不順之一。你不想生下某孩，某孩偏生下，這也是不順之一。你想生下某孩，某孩偏不生下，這也是不順之一。

這種種的不順，眞正應了佛陀講的「人生酬業」這四個字。孩子來到母親的肚子裡，先天帶著報恩、報怨、討債、還債的業因而來。

此等種種因緣皆因怨業而生，不是怨家不聚頭，怨親債主總故意與你反其道而行，因人生有求不得苦、怨憎恚苦。眾生在過去生中受到你強烈傷害的時候，就會發願，比如來世做你最疼愛的胎兒，讓你滿心歡喜想當一個媽媽的時候，就離開你，讓你在夫家抬不起頭來，沒有尊嚴受到冷落，不但把你身體搞垮了，還讓你失去對人生的希望與自信。等你讀到《佛說長壽滅罪護諸童子陀羅尼經》，也許你就開竅了！眾生此生能與你相聚，很多原因是前世暗中發下誓願的，但佛講一切法由緣生，不講因生，是因爲不善的因緣也可以因爲你的修行懺悔而化解恩怨，善的因緣也會因爲你的過失而結冤仇。

我們身在其中，要眞正領會祖師大德留下「自肯承當」的聖訓，人非聖賢孰能無過，過而能改善莫大焉，通過讀誦經典，借助菩薩幫助，眞正改錯改過，從內心懺悔罪業，定能逢凶化吉，保證自己和家人都能在人生的大關大卡處，安然通過。

護胎懺罪推薦方法：讀誦《佛說長壽滅罪護諸童子陀羅尼經》1-3遍。

7. 結壇

我們這本書要講的療治秘法，其實在佛教裡屬於密宗的範疇，然用此「秘」不用此「密」，是密宗涵蓋的內容太過廣泛，而我們只取一部分精髓加以闡述運用，幫助現代人解決西醫能力之外，中醫囊括不到的治病措施與方法，對佛菩薩對老祖宗的學問有信心者何妨一試。由此在進入本章的內容之前，我們稍稍來介紹一下密宗在國內的歷史與淵源。

「揭諦揭諦，波羅揭諦，波羅僧揭諦，菩提薩婆訶！」

唐代玄奘大師翻譯的《般若波羅蜜多心經》結尾處的這首咒語，這神聖的「大神咒，大明咒，無上咒，無等等咒」，這「能除一切苦，真實不虛」的咒語，千百年來，一直迴響在大雄寶殿上，迴響在眾生的心裡，迴響在歷史與現實的蒼穹中。這莊嚴神聖、神奇神秘的咒語，就屬於真言宗的修行法門。在唐朝興盛的真言宗也叫唐密。唐密是唐朝時在漢地傳承的密教。在唐代，印度密教傳到了漢地，稱為唐密。密教的傳承法脈是始祖法身佛大日如來，二祖金剛薩埵，三祖龍樹菩薩，四祖龍智，五祖善無畏和金剛智。善無畏、金剛智和不空在唐代開元年間先後來華弘揚密教，史稱「開元三大士」。善無畏、金剛智傳法給不空，是為第六祖。不空傳法給青龍寺惠果，是為第七祖。惠果將金剛界、胎藏界兩部大法集於一身，「兩部一具，金胎合曼」，是唐密的最大特色。

　　而東密是在日本傳承的密教，它的源頭來自於唐密。惠果阿闍梨在會昌法難前，已經預見到佛教將有劫難降臨，他知道自己時日無多，而傳人還沒有找到，不由得憂心如焚。有一天，青龍寺裡突然來了位日本僧人，惠果一見，認定他就是自己一直在翹首以盼的法子，十分高興地說：「我等了你很久了，你來長安這麼長時間，為什麼到今天才來找我？」僧人恭敬地回答說：「半年前，我已經到了您的門前，可是您的門檻太高了，只看到師尊您高高在上，我只是一個小沙彌，不敢進來見您。」惠果連連搖頭說：「你是未來密法的大成就者！我剩下的日子已經不多，是在靠修法來延長壽命。我要在最短的時間內，把金胎二部大法傳授給你。你修成大法後，我替你灌頂，之後你要馬上離開長安。」僧人驚詫地問：「師父您為什麼這樣著急？」惠果說：「大難將至，密法將會在中國失傳。你得到大法後，速速返回日本。如果你不帶走密法，密法就會在這世上徹底斷絕了！」

　　在接下來的三個月裡，惠果悉數將兩部大法傳授完畢，囑付他說：「義明供奉，弘法於禹域！」意思是說，你有義務、有責任供奉這兩部大法，並且在後世因緣成熟時，一定會有有緣人將它回傳到華夏。這是惠果祖師的預言與期待。這一年，是西元805年。這位僧人的法名叫空海（774-835）。空海得到了惠果的傳授，成為唐密第八祖。唐密就這樣隨著空海漂洋過海傳到了日本，在日本開枝散葉。

　　惠果阿闍梨預言的劫難很快來臨，唐武宗會昌五年（845）年，滅佛活動達到了高潮，史稱「會昌法難」。會昌法難對真言宗造成了沉重的打擊，真言宗的法脈因會昌法難等因素，在漢地沒有完整傳承下來，密教日益式微。宋代之後，密教在教理上已

經沒有太多的發明，到了元代弘傳的已經是藏密了。明太祖洪武年間，朝廷為鎮壓彌勒教等民間秘密宗教，連帶著也禁止了密教的傳播。儘管密教的法脈在漢地中斷，但密法的傳承在漢地一直不絕如縷。漢傳佛教中有很多顯、密結合的地方。許多真言密咒被列入日常課誦並被廣泛運用於佛教法事活動至今。漢地僧人每天早晚功課中念誦《楞嚴咒》、《大悲咒》、十小咒等咒語，多是密宗的真言。午供時的變食真言、晚上的蒙山施食等，也都是密法。同時，真言宗中的許多真言、本尊法門，也已逐漸融入到其它宗派中，如《藥師法》、《準提法》、《孔雀明王法》、《穢跡金剛法》、《瑜伽焰口施食法》等一直流傳不絕。

　　我們這邊就選取儀軌較為方便，且臺灣見如老和尚開許修行的《孔雀明王法》來做示例（不必灌頂），讓更多想要修行密宗密法，想要得到真實效驗的有緣人能入得密教廳堂，得無上法緣。

第一，設壇。

　　設置壇城，是為請佛菩薩諸護法神，用現在的話說就是把場地的能量與磁場安定在一個較高的水準，以外在的「物」來強制轉我們這顆不安定的心。

　　我們選擇這樣一個地方，可以是家裡的一個房間、一個佛堂，平時養成不沐浴淨身不進堂內，正式修行進入則穿海清，恭敬虔誠，做的越完備，修法得到的利益也越圓滿。

　　我們平時在裡面修行選定的法門，可是誦經、持咒、念佛、打坐、三密瑜伽，都是為了療養、滅障、培福，小則為百年健康、家睦常寧，大則為菩提資糧、成道往生，這都是需要揀擇

清淨行法之地，拒聲色犬馬，內供本尊與上師造畫像，燃燈供香做莊嚴曼荼羅處，給我們的內心做全面的齋戒。

第二，結界。

結界是為防止不善眾生的妨礙，冤親債主的逼迫。中國有個名詞叫做「畫地為牢」，結界的大概意思就如此，能夠把一定的空間給束縛住，此束縛住的空間可抵擋一切邪魔入侵，功力深厚的人佈置的結界，除了可以抵擋住無形的東西外，還可以阻止水火、人物的侵犯，此名之為結界。

《大悲蓮華經》上講，「厚重煩惱，專行惡業，如是眾生，諸佛世界所不容受。如是眾生，斷諸善根，離善知識，常懷瞋恚，皆悉充滿娑婆世界，悉是他方諸佛世界之所擯棄，以重業故」。我們生活在一個相當複雜與痛苦的世界，有形的無形的眾生充滿這個世界，在這中間不可能不遇到一些逆緣違礙，現實中許多令人後悔之事的發生，都是因為缺乏安忍，心被牽動的緣故，所以在設置好壇場之後，要用一些咒語來安定周圍的眾生，令其沒有辦法擾動我們的內心。

這裡推薦三種結界的方法，如有耐心，可全部勘用。

以 孔雀明王結界縛魔身印陀羅尼 加持淨水108遍 以指尖點水，散灑堂內四方地界

達地呀他。嗡。瑪哈瑪由利耶。

薩爾哇。嘎那巴滴。班達班達。

吽。啪德。斯哇哈。

以 摩醯首羅伎藝天女心咒 加持淨水108遍 以指尖點水，散灑堂內四方地界

拿摩，烏即嘛摩，師卡得微，普啦吧滴呀，

夏嘎啦，佳嚕林，達滴呀踏，濕哇，佳滴類，

歪啦嘛，佳哩尼，吽，啪德，斯哇哈。

以 千手千眼觀世音菩薩廣大圓滿無礙大悲心陀羅尼 加持淨水21遍 以指尖點水，散灑堂內四方地界 （大悲咒為佛教日常所用，茲此不複述）。

第三， 淨身，沐浴，入場，禮拜本尊，讀誦經文。

《孔雀明王法》，這個法門在密法裡非常特殊，是屬於經法一體，讀誦經典《佛母大孔雀明王經》即是圓滿次第，而且這是本師釋迦牟尼佛廣為讚歎，過去世亦曾親自修學的法門。

這個法門修行分為三步，第一讀誦開首的祈請文，第二分別結五種手印，念誦密咒各七遍，第三讀誦上、中、下，全本《孔雀大明王經》。

现在介绍启请法後的五条咒及手印。

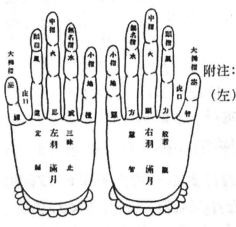

附注：

（左）大正藏图像部八　十八
　　　道私记印图，手印图卷
　　　下之「手指秘名」。

1.先结三昧耶印：二手右押左外相
叉作拳，直竖二中指头相。

唵₁ 三麼野₂ 娑怛鑁₃

oṃ, samaya　satvaṃ

2.次结金刚钩菩萨印：准前三昧耶
印，以二头指屈如钩向身招。

唵₁ 嚩日朗矩尸₂ 阿羯茶₃

oṃ, vajrānkuśī　ākaḍa

微羯茶 娑嚩诃₄

vikaḍa　svāhā

3.次结阿波罗哞多明王印（用结地
界结方隅界）：二手右押左内相
叉，直竖一中指头相拄。

唵₁ 虎噜 虎噜₂ 战拏里₃

oṃ, huru huru caṇḍāli

摩蹬岐₄ 娑嚩诃₅

mātaṅgi svāhā

4.次结普供养一切贤圣印：二手右
押左相叉合掌，十指互交上节。

曩莫 三满多 勃驮南₁ 萨嚩佗₂

namaḥ samanta buddhānaṃ, sarvārtha

欠₃ 嗢娜櫱帝₄ 娑颇罗 呬 铪₅

khaṃ udgate, sphara hī maṃ

誐誐曩 剑₆ 娑嚩诃₇

gagana kaṃ svāhā

5.次结佛母大孔雀明王印：二手右
押左内相叉，二大指二小指，各
直竖头相拄即成。

唵 麼庾罗 讫兰帝₁ 娑嚩诃₂

oṃ, mayūra krānte svāhā

　　孔雀經法是屬於非常圓融的法門。經典裡有些咒語幾乎是非常強勢的，不論是為自己，還是為他人，孔雀經幾乎含攝了出世間的全方面。而且此經能轉定業，使得定業輕報。如同裡面提及佛陀的過去世，作為孔雀鳥王，它是每天都修持孔雀咒法的，有一天沉迷情欲，就沒有去修持，於是落入了獵人的陷阱，此時它忽然驚醒，又持誦起孔雀咒，終於逃出升天。這是佛陀過去世扭轉了定業，只受了一場虛驚的真實過程。

　　我們現在的人，能夠如法不間斷的修誦孔雀經，一天一部，斷除酒肉，抽煙，就會發現自己的變化，原因無它，體內的毒素都被孔雀明王座下的金色孔雀鳥給吃了。能夠堅持一直修下去，每天誦經持咒念本尊聖號，功夫到了，不僅自己百病不侵，還能為他人解除病苦，乃至消除業障，這還是最下的成就，如果是上等，拿根孔雀羽毛持咒就能控制風雷雨電。

第四　發願與迴向病苦與怨親，解開冤結。

　　我們佛弟子迴向功德給無量眾生，就是與這些冤親債主化解怨業、處好關係，令其不障礙我們，對治病、療養就會有殊勝的感應。哪怕無病想要求得世間名利，也是需要迴向給有緣眾生。

　　舉個例子，有人參加考試，如果批改作業的老師，你與他過去生中結的善緣深，哪怕你做得一般，他看了也感覺很好，特別是語文或論文類的，沒有太明顯的標準，涉及不同人的思想與習性，甚至可以說，不同的人，對錯的標準不一樣，真的體現佛法的「各人飲水，冷暖自知」，對你產生歡喜心，你文採納木，老師也會覺得純樸天然，你文採行雲，老師就會覺得氣度非凡。

否則如果是冤親債主，你納木，就會覺得你愚癡，你行雲，就會覺得你傲慢。故應常與一切眾生結善緣。在一個事物結果沒有出來的時候，很多時候都是不定數，只要它還處於不確定的狀態，你就拼命修持迴向，就有可能改變命運。這裡面蘊含著天機，但這個天機，你不可以去考試它，只能它考試你。就如有的人聽說念觀世音菩薩不會被水沉溺，就直接跳水裡，這樣會被淹死，因為只有急難恐怖，很急很緊張，才可以用這個法。否則就是人自找死路，佛菩薩也只能一聲歎息。

最後闡述一點，修行不是一場魔術表演，會讓你從頭到尾興奮、驚奇，充滿神秘讓你目不暇接。每一個修行人都會一再失敗，一再跌回舊的習氣煩惱當中。它也不是逃避日常瑣事的盾牌，因為它可能比你企圖逃避的那些事更加煩惱平常。修行不是搞「假大空」，當你踏入結界與壇城之內，唯一做的只是不再自欺而已。

《第二部完》

結語：附錄山西小院紀實

　　《地藏菩薩本願經》於我們普羅大眾的重要性：猶如金冊顧命。

　　釋迦佛在忉利天宮爲母說法時，知道自己快要涅槃了，便將佛陀入滅後、彌勒菩薩尚未下生成佛前，這一漫長無佛時期的度生重任，託付給了地藏菩薩。這一細節已經在《地藏經‧囑累人天品》中有詳細說明。世間有佛法的時間很短，沒有佛的時間很長，在這一段黑暗的時代裡，地藏菩薩肩負起了救度所有六道眾生的重任，他是代理佛，在所有的大菩薩裡面，地藏菩薩的身份不一樣，這也正是地藏菩薩現出家相的原因之一。

地藏菩薩與閻浮眾生有大因緣

　　閻浮眾生與這位大士有很大很深的因緣，只要有眾生聽到此菩薩的名號，見到此菩薩的形象，乃至聽到這部《地藏菩薩本願經》的三個字或者五個字，或者一偈一句的，他們現在就能得殊妙安樂，未來之世，百千萬生，當得容貌端正，生尊貴家。（詳見《地藏菩薩本願經‧如來讚歎品》）「這位地藏菩薩，於閻浮提有大因緣，若是要說這些眾生見聞到地藏菩薩，因而得到利益的一些事例，就是百千劫中說也說不完的。」（詳見《地藏

菩薩本願經・見聞利益品》）「若未來世，有諸人等，衣食不足，求者乖願、或多病疾、或多凶衰、家宅不安、眷屬分散、或諸橫事，多來忤身，睡夢之間，多有驚怖。」如是末法眾生都可與地藏菩薩結緣，並受持地藏法門。

佛陀世尊讚歎菩薩有大因緣的，只讚歎兩位，一位是地藏菩薩，一位是觀世音菩薩。地藏菩薩於過去無始劫前就已修持證得了十地菩薩的果位，由於往昔所發「地獄未空誓不成佛，眾生度盡方證菩提」大願的緣故，直到現在仍示現菩薩身來救度一切六道受苦眾生。

地藏菩薩在因地中就是孝子，因地中做過婆羅門女、做過光目女，皆因為救度他母親，始發菩提大願；與佛陀上升忉利天為母說法，報母親的恩，那個志願相同，等於同聲合響。所以說地藏經，實是佛門之孝經，所以才有此經開篇「十方無量世界，不可說不可說一切諸佛，及大菩薩摩訶薩，皆來集會」的殊勝之處；更有「正使過去現在未來諸佛，說其功德，猶不能盡」的讚歎之語。

釋迦牟尼佛講經，十方諸佛通通來，一個都沒少；《華嚴》、《法華》這些大經都沒有這個現象，華嚴出席的是四十一位法身大士而已。顯密經典也沒有看到過，唯獨此經看到諸佛來集。佛講其他的經典，講《華嚴》、《法華》，諸佛都不來；講《彌陀經》、《無量壽經》，只得十方諸佛讚歎而已，沒有來出席。所以，此法門顯得更殊勝。此經是我們這一生修行證果的起點，《地藏經》是根基。不但十方諸佛菩薩來出席，十方世界一切天龍鬼神大眾也都到齊，顯示出孝道是盡虛空遍法界，目的是教我們認識孝道之偉大、孝道之不可思議。大家要知道，所有一

切佛法都是建立在孝道的基礎上，離開孝道，沒有一法可得。要想修學成就，定要孝順父母，尊師重道。

由此，我們才知道孝道的重要。此法門是一切諸佛所修、一切諸佛所成就的。佛教門徒皆以此經為報答親恩的第一孝經。我們也看到，本經上所有發願護持我們的天龍八部、諸天鬼王，以及所有得道的聖者都在默默加持所有修行這個法門的有緣人，我們相信，讀誦這本經，會有不可思議的力量加持我們以及家人眷屬。

山西小院・讀誦地藏經・治病救人除禍（紀實）

孝心、誠心即可治重病絕症

　　這是一些被病痛折磨的人，還有身患絕症、即將結束生命的人，這是一些遭遇不幸和意外的人，還有煩惱苦悶的人，如今發生了奇蹟。四十位尋常百姓的親身經歷，肺腑之言，從七歲到九十歲，講述老百姓自己的故事……。敬請收看大型生活實用紀錄片——治病救人除禍・山西小院。

　　今天在我們身邊，有許多人生病得不到救治，或者因為缺醫少藥，或者因為地處偏遠，或者因為沒有足夠的錢，這樣的人正遭受著病痛的折磨和死亡的威脅。目前全世界還有很多重病、怪病和絕症侵害著人類，而人們還沒有找到有效的方法應對它們。在我們身邊，還有遭遇天災人禍和意外不幸的人們，他們中的很多悲慘無助、愁苦度日。我們現在把這部真實的紀錄片奉獻給需要它的人們，期待著為世間減少一些痛苦，增加一些希望。

　　今天，我們確實到了最發達的時代，但沒人否認，也到了最不安全的時代，包括生命在內，我們的很多東西都變得脆弱，而一旦遇到災難危險，我們又顯得極其無助。芸芸眾生的一生極為短暫，只有幾十年的時間，不管人們富貴貧賤，都只能隨著命

運的腳步來嚐受吉凶禍福、悲歡離合。在苦短的人生中，普羅大眾無法作自己命運的主宰。而我們這部紀錄片所紀錄的人們，卻正好相反。

這裡是山西省大同市，在全國的城市中，她普通平常。我們所拍攝採訪到的各式各樣的人物，也都是生活在此地最普通、最平常的人們。這些人樸實善良真誠，上到九十歲的老人，下到七歲的小學生，他們有個共同的特點，就是都曾遭遇到痛苦和不幸，都信佛學佛，都轉危為安。每到週末，平時忙碌的人們，就會從四面八方趕到這個小院子裡來。女主人姓白，也是信佛的居士。她和家裡人和義務幫忙的居士們，負責招待大家。這些男女老少的居士們，就像同學一樣聚在一起，共同念佛誦經，共同修學交流。這些人和普通人相比沒有兩樣，唯一的區別就是擁有一個共同的信仰 —— 存好心、說好話、行好事、做好人。山西大同民風厚道向善，信佛學佛的人很多，據說這樣自發形成大家一起念佛的場所比較普遍。

紀錄片裡面的這些人們，很多都是因為採訪而第一次見面的。但是大家都遵守著佛法不妄語的教導。不妄語就是不能講假話，講假話騙人，受的惡報是很重的。為了更好的讓大家明白這些事例的原理，我們還加入了高僧大德老法師的重要開示，也就是解釋說明和指導。這裡的很多人都是因為受到法師的教導，才有今天這一切。現在不管您是否相信佛經佛法，不妨先放下自己的各種觀念和看法，認真的來看一看這些真人真事，因為我們每個人最終都無法回避的就是眼前的現實。

《山西小院》原紀錄片採訪內容摘錄 第一集

　　田居士，65歲，91年患乳腺癌，長期嚴重的鼻炎。「我是一個中學化學老師，我學佛已經十幾年了，讀《地藏經》是一年。我得癌症十四年了，是乳腺癌。91年做的手術，現在已經恢復健康了。比我做手術晚的那些同志，已經都離開了人世，唯獨我還是非常的健康。而且我六十五歲還在講臺上，我現在大同市早期教育學校，還從事教學活動」。

　　「這就是學佛以後給我的受益，當時做手術的時候是91年，跟我們一塊兒的郝大娘也去了。由於學佛的緣故，進了手術室我也沒有覺得害怕，也沒覺得恐怖，這是一個大的手術，我還很樂觀的進了手術室。手術後，還要化療八次。化療對於每一個癌症病人來說，都是非常痛苦的。可是對於我來講，八次化療我也沒有感覺怎樣痛苦，也就過來了。91年到現在05年已經十四年了，十四年的生活，佛保佑吧，我就一直這麼健康地生活」。

　　「而且剛開始病了以後，學校照顧我，沒有讓我教課，調到實驗室。後來慢慢地恢復得特別好。比我做手術晚的那些人，我是西花園的，這些人幾乎都不在人世了。有的人還採訪過我，問我用什麼方法戰勝的癌症。我就是終身念佛，就是佛保佑我。我到2000年的時候，因為恢復得也比較好，我就讓大同市早期教育學校把我聘走了。到那兒又從事教學活動，現在我仍然在那裡，已經六年了，已經教第六屆學生了。這是第一個事例。第二個事例就是今年，真實感應。今年我們到岱海放生一次，那天去的時候是下雨天，在座的居士們可能都去了。是唱了一道阿彌陀

佛，當時心情特別好。從岱海回來以後，放生那個心情，可以說沒法形容」。

「我的鼻炎挺厲害，每年都得吃十盒到二十幾盒的藿膽丸，那也不行。鼻炎厲害的時候，就喘不過氣來，而且還要上課，生活上挺痛苦的。……5月29號我們去放生的，感應收穫立竿見影，放生後的五月初一就通氣了。……」

張居士38歲，郭居士34歲，夫婦二人生活在農村，妻子不幸得了系統性紅斑狼瘡，紅斑狼瘡的死亡率很高。得病十多年，經過多方醫院的治療沒有效果，反復發作，病毒已經侵入了腎臟，非常難治，而且花去了整整六萬多塊錢，夫妻二人非常痛苦。後來當地熱心的居士建議他們：「實在不行就念佛吧，佛可以拯救你的生命，能消除你的疾病。」後來他們就誠心誠意地念誦《地藏經》。2003年開始念的，妻子的病症逐漸的好轉，他們就越發眞誠，早上念，晚上念，就連走路、幹活的時候佛號也不斷。一年後疾病基本痊癒，直到現在也沒有復發。

王居士 42歲。患高血壓，低壓160，高壓180－190。吃藥治病之餘，認識一位師傅，開示他誦《地藏經》。當時挺懷疑，學佛還能治病嗎？他只是以誦誦看的心態讀了幾個禮拜佛經，果眞血壓降了下來。

馬居士 61歲。兒子由於染髮突然患上牛皮癬。病情逐漸擴展，由頭部蔓延到全身，胳膊上和腿上都是。大片大片的皮屑往下掉，瞅著孩子，非常的揪心。並且，眼看就到夏天了，孩子沒

法穿短褲短袖，病變的皮膚非常難看，孩子心理非常的沉重，精神壓力很大。去幾個當地大醫院治療，也不見效。馬居士學佛已有幾年，後來，便用誦《地藏經》的方法，來治療兒子的牛皮癬，誠心的誦讀了一個半月，兒子病症逐漸減輕以致痊癒，馬居士感慨萬分，她的兒子也開始誦經念佛了。

武居士 28歲。其母親患重症哮喘及關節炎。武居士的母親患哮喘很嚴重，就連夏天也要背著一個厚厚的棉背心，經常喘不上氣來。武居士是個孝順的女兒，單位裡善知識指導她信佛利益殊勝，便開始念佛誦讀《地藏經》，並勸導母親也念佛。結果，母親的哮喘病明顯改善，並且夢裡常常見到佛菩薩，老人也越發虔誠了。

胡居士 54歲，雙眼幾乎失明，2004年時，79歲的老母親患淋巴癌晚期，已無法治療。胡居士曾經千里救母，趕到安徽省九華山，那裡是中國佛教的四大名山之一 —— 地藏王菩薩的道場。胡居士是七、八年前患的眼疾，幾乎失明，只能憑藉眼角餘光視物。初念《地藏經》的時候，每遍要花六個小時才能讀完。誦《地藏經》的因緣也很殊勝，胡居士學佛已有幾年，心誠的緣故吧，眼疾最嚴重的時候，感得地藏菩薩托夢，指示她趕快念《地藏經》，念《懺悔文》。當時她還不知道什麼是《懺悔文》呢。後來發心讀誦《地藏經》。頭一天，將近花六個小時才讀完一遍，第二天就讀了四個小時多一點，第三天就是兩個小時，視力已經明顯提高了，讀誦速度自然快了很多。第四天、第五天就開始是一個半小時了。視力改善如此迅速，全家人都為之興奮。

胡居士本人更是感慨萬千，就下了決心學《地藏經》，勸人誦讀《地藏經》。讀誦《地藏經》的感應之事很多，她只挑選了一件特殊的事情，來與大家分享。胡居士的母親79歲時候（去年）得的病，由於惡化得快，醫院拒絕接受治療，宣判只能活三個月，讓回家辦理後事吧。無奈之餘，胡居士想到佛菩薩了，由於得的是癌症，所以胡居士和兩個妹妹們只是以試一試的心態，雖然自己的眼病痊癒得是那麼神奇，但仍然沒有對佛菩薩發起出自內心的信心。

人都是這樣，一到厲害關頭、緊要時刻，往往會失去對佛菩薩的信心，甚至退縮。胡居士也是很難得，畢竟邁開了這一步。有感必然有應，結果地藏菩薩給胡居士的愛人托的夢。夢裡地藏菩薩放光，告訴了三件事情：一、要想你的母親不疼痛，三個女兒每人念一百部《地藏經》，迴向給母親；二、要想母親當年不去世，就到九華山地藏菩薩前求願（考驗子女孝心誠不誠）；三、如果想母親去西方極樂世界，就勸老人念阿彌陀佛。果真是心誠感動佛菩薩，老母親到現在（2005年8月）仍然很硬朗。淋巴癌應該是非常疼的，但老人只是輕微的疼痛，連止痛藥都沒吃過。這樣堅持到現在已經一年多了，全家人都很欣慰，真心感激地藏菩薩的恩德。胡居士最後勸告大家說：「《地藏經》是孝經，只要你誠心實意去念，沒有含糊，沒有懷疑，發出你的真誠心來，認真的修行，是一定能夠得到真實利益的。」

記者注：胡居士在這次採訪中是第一個講述的，而且滔滔不絕，情真意切。但就像是冥冥之中的一種安排，也彷彿是專門為了等待這次殊勝的弘揚佛法的機會，她一定要把這些心裡話講出來。

《山西小院》第二集 紀錄片採訪內容摘錄

張居士 52歲，患多種疾病，雙乳患乳腺瘤，右腿積水，甲狀腺癌晚期，腰椎間盤凸出。張居士剛開始的時候是一邊乳腺起了瘤子，到北京腫瘤醫院做的手術。後來過了一年半，又轉移到了另一邊，又做了手術。到一年半以後，一下子不能動了，右腿就出了很多清水。96年11月，有念佛的佛友開示說，這是業障病，建議張居士趕快好好靜心念佛。後來，張居士就每日清晨打坐念佛，非常精進。過了不久，在打坐中得到佛菩薩的感應，是男聲，普通話，聲音由遠而近，說：「你前世的業障今世現前了，必須得清淨念佛，不然誰也救不了你。」

張居士平日常念大悲咒，中斷時念阿彌陀佛，勇猛精進。後來，突感右腿內如蟲遊，漸漸的傷口也就癒合了，這段時期並沒有去醫院。過去非典的時候，接觸了《地藏經》，連著三天，書中現蓮花，瑞相稀有。張居士信心堅定，心想，這一定是佛菩薩指點自己消除業障的方法的，便精進的念《地藏經》。……後來，有一天，突然的喘不上氣了，第二天就住進了醫院。手術的過程中，醫生通知家屬，這個肯定是癌了。脖子裡的瘤子全都被血管包著，營養向上供養不暢，所以頭髮才能一下子都變白了。張居士手術時是局麻，手術的過程中仍然堅持默念阿彌陀佛、觀世音菩薩，結果閉目時真的看到觀世音菩薩了，腳踩兩個大蓮台，身材高大，莊嚴非凡，……一轉身，微微的一笑，用楊柳枝甩了一下就走了。這時她的手術也順利的做完了。

住院時誦《地藏經》不斷，夢中經常見到地藏王菩薩。一個半月嗓子就能說話了，三個月複查時，令醫生稱奇。做手術半

年後，張居士去了趟五臺山朝山，五個台都朝了，回來後，腰椎間盤凸出的病症也大見起色。張居士講述的時候，神采奕奕，幸福不已。在她鐵的事實的感召下，全家人都入了佛門了，就連一直反對她的老母親，如今也開始念佛了。

趙居士 32歲，以前是司機。患有習慣性頭痛。讀誦《地藏經》將近三年。他認為學佛應該隨緣，緣份到了，自然會信；如果時機不成熟，你怎麼教，他也不會信。趙居士本人一直堅持誦讀《地藏經》，每天最少一遍。以前一到下午就頭痛，止痛片一次都吃四五片。後來誦讀《地藏經》一個月左右，習慣性頭痛慢慢的就緩解了。

張居士 68歲，患腦積水，需做大手術。張居士平常主修《無量壽經》，但是去年突然得了腦積水病，當地各大醫院都是如此確診，建議她去北京做手術。由於臨近過年，外加心理懼怕，所以在家修養了一段時間，並沒有馬上做手術。平日在一起修學的佛友們都來看她，說：「這是業障現前了，應該加誦《地藏經》來消除業障。」後來張居士改誦《地藏經》，噁心和嘔吐的症狀也隨之減輕，最終還是沒有去做手術，但病症卻一直沒再犯過。

馬居士 50歲，患重症心臟病、慢性腸炎。馬居士34歲就得了此病，雖然年輕，但病症卻是很嚴重，脈搏常常一分鐘跳過一百五十下，生活不能自理，沒有精神，連小聲說話都非常困難，長期住院。醫生們也都很同情她，小小年紀怕是不久就要離

開人世了。她的家裡人也都做好了最壞的打算。學佛的居士們去看望她時，勸她念佛。雖然她當時不太相信，但反正也是一死，所以就堅持念下來了。沒想到，身體越來越好，一年一年的就逐漸的恢復健康了。這些年家裡做買賣，忙裡忙外的，也一直沒再犯過。至於誦《地藏經》，是由於一年前得的慢性腸炎，輸液、吃藥老是治不好。自己學佛也多年了，知道是業障病，就開始讀誦《地藏經》，每天都誦三、四卷，就這樣，難治的慢性腸炎在誦經中慢慢治好了。如今仍然每天堅持至少誦一卷《地藏經》。

　　慰居士 65歲，患骨質增生十多年，雙腿變形無法醫治，老人家的弟弟腦溢血，昏迷二十多天，已經病危。慰居士以前在工廠上班，根本不信鬼神，也不信佛。別人勸她時，她就說：「你給我找來一個看看，在哪裡？」非常強。93年退休，隨老朋友們到大同市的上寺，師父給大家講了佛法的意義等開示。慰居士聽後，也挺喜歡的。上香的時候，看見佛像在笑，心裡嘀咕「感真有佛嗎？」心裡還是在懷疑。後來上供的時候，供果竟然自己會動，才真正的信佛了。這是最初信佛的小感應。後來專心誦《無量壽經》，到現在也已經有十幾年了。得骨質增生病也有十年了，疼起來非常厲害，膝關節上下都有增生，醫生說，做手術也不能根除，將來還要長的，很難治的。……

　　後來，慰居士就誦《地藏經》，偶然有一次，覺得這個腿不疼了，到現在為止一直都還可以，沒怎麼再犯過（老居士還親自站起來演示了一下）。慰居士還有個弟弟，今年58，五六年前得了腦溢血，昏迷了二十多天，大家都認為他不行了。慰居士在家念佛誦經的時候，就給這個弟弟迴向。慰居士弟弟妹妹們去

醫院看望這個得病的弟弟時，大家都是特別的難過，傷心落淚。可是有一天，他好像睡覺睡醒了一樣，叫他女婿扶起來。沒想到，他就這樣好了，一個禮拜後就出院回家調養了。慰居士再次看這個弟弟的時候，給他帶了個念佛機，出乎意料的，弟弟卻非常的喜歡聽，愛不釋手，專心念佛了。到現在身體一直很好，大夫都說像他這樣病能恢復到這種程度真是少有。慰居士在採訪快要結束時，極力推薦大家念佛，可以讓家庭順當、身體健康、心情愉快，就連愛發脾氣都能改掉。

《山西小院》紀錄片採訪內容摘錄　第三集

　　李居士 49歲，十多年惡夢，心態十分不好，脾氣暴躁，患過各種慢性病。李居士一直在市建委工作，以前對信佛學佛的人很反感，不能理解。李居士的丈夫信佛，逐漸的勸導她，多多研讀佛經，去除自己的業障。關於惡夢有兩個，一個是從小老是夢到自己被奶奶追打，因為奶奶沒有去世的時候脾氣非常暴躁，在夢裡常常被奶奶追得從小路跑到大路，再從大路跑到小路，並且從路面上往出冒疙瘩，然後變成大牛眼睛，她自己常常從噩夢中驚醒、哭醒。另外一個惡夢是十來歲的時候，她去地窖取東西，結果發現了一條蛇，嚇壞了，家裡人後來把蛇打死了。自從那以後，李居士就常常夢到那條蛇，然後不是事情不順，就是得病，弄得精神恍惚，心緒不安。

　　還有她從小就有夜裡抽搐的毛病，時不時的發作，也是非常苦惱。李居士學佛後，開始誦讀《地藏經》，也時常反省自己，慢慢的看周圍事物的態度完全轉變了，也逐漸的試者用接受的眼光來面對周圍的人和事，結果，反而心理逐漸變得平和，脾氣也緩和多了。李居士口才很好，滔滔不絕，教導大家應該理解因果，懺悔往世的罪業，要經常反省和檢討自己，才能使自己得到真正的解脫。

　　王居士 46歲，胃痛，丈夫頭痛。她誦《地藏經》也有一年的時間了。往日吃東西的時候，胃怕甜、怕涼、怕熱，難受得厲害。如今都好了，更是讓她欣喜的是，不誦經的丈夫的頭痛也不知不覺的好了。

　　劉居士 55 歲，突然精神失常，並且有風濕性關節炎。平時身體都非常好，精神方面也沒有病史，但突然的就精神失常了，俗話說「瘋了」。住院花了七八萬，幾年的心血錢都送到醫院裡面去了。醫院診斷為癔病，自己也逐漸清楚了自己所得的疾病。後來病症減輕，也就出院了。善根使然吧，別人勸其念佛，也就堅持下來，不再像以前那樣四處亂跑了。雖然自己的身體有時候失控，但自我意識也漸漸的恢復了，對佛菩薩像也都能夠分辨了，也曉得念佛對自己的病情有好處，所以就堅持念佛。

　　其實劉居士善根也是非常深厚的，在十幾年前就已經皈依了，就連「瘋了」的時候也常常去寺院，也會磕頭拜佛。自從誦了《地藏經》後，變化更是明顯了，意識也恢復了，日常生活也變得規律了。沒有什麼文化的她，如今整部《地藏經》都能誦下來了。劉居士的風濕性關節炎曾經很嚴重，手指變形厲害，麻木怕涼，這些症狀在誦經的過程中都有明顯改善。她的女兒誦經也有幾年了，學習和生活都很順利，尤其是剛剛畢業就在一所大學裡找到了工作，讓很多同學都羨慕不已，她自認為是誦讀《地藏經》所積的福德吧。由於劉居士疾病的康復，丈夫也開始真心的信佛了。

　　楊居士 36 歲，患腰疼病。楊居士修學《地藏經》已有八個月。沒念經之前身體一直不太好，尤其是後腰經常疼痛，並有習慣性頭痛，打針吃藥也不怎麼見效。有一次得了一場大病，輸液的當天，有位信佛的王居士（小冉的母親）勸他信佛，還有冉居士也幫助他，漸漸的信佛了，開始堅持誦讀《地藏經》。自從誦

經後，發現自己很多方面都有較大的變化，以及工作上的事也都比較順利。如今腰疼等病已經不再犯了。

余居士 39歲，患重症心肌炎，已無法治療。得病後九個月臥床不起，住院的時候，碰到一位善知識，開示她念佛。住院二十多天，後出院修養將近九個月，她的女兒本應去高中讀書，也因此而休學在家照顧母親。余居士在家調養的日子裡就是專心念佛。慢慢的身體好轉，余居士便打坐念佛，九個月後，身體狀況基本恢復，心肌炎也不再復發。之後皈依了佛門。堅持誦《無量壽經》。疾病複查的時候，醫生們都非常吃驚，讚歎說：「佛法真不可思議！」

李居士 43歲，90歲的奶奶身患絕症，病重期間受到冤親債主的毆打。奶奶是去年二月突然得的怪病，醫院也沒有好的治療方法，老人歲數又非常大了，所以醫院就放棄治療了。李居士本人早已學佛，便發心要給奶奶誦讀《地藏經》。在讀經的前天晚上，她的奶奶被冤親債主打了五個巴掌印兒（記者採訪的時候，還沒有褪掉，清晰可見，紀錄片裡有此鏡頭）。過了半夜十二點後，奶奶在昏迷中拼命的叫喊，說有人打她呢。的確臉上都腫了，清清楚楚看得見手指印。又過了一會，奶奶又說有人拿刀刺她，拼命的叫喊著。後來，只要奶奶叫喊，李居士就念「南無大願地藏王菩薩」，之後奶奶就罵她、打她。李居士知道，這是奶奶的冤親債主找到自己的頭上了。早晨起來問奶奶的時候，她說全不知道。

李居士發心七天念誦四十九遍《地藏經》迴向給奶奶的冤

親債主。與地藏王菩薩發願說：「如果是奶奶陽壽盡了，就讓她老人家好好走；如果只是業障的話，就讓我的奶奶趕緊好。」當李居士第二天晚上誦《地藏經》的時候，窗戶啪嗒啪嗒地好像地震一樣。家裡人都很害怕，但還是堅持下來了。第三天誦經的時候，感覺兩腿像過電了似的發麻，李居士學佛已經有些年頭，知道這些都是奶奶的冤親債主也在聽經，所以硬著頭皮繼續誦讀。當誦到第四天的頭上，父親打來電話說奶奶能下地了，並且晚上也不怎麼折騰了。七天後，奶奶就能吃飯了，這個怪病也漸漸好了。李居士自然也就曉得了，奶奶的病就是冤業病。後來，奶奶說出了詳情，「我年輕的時候家境困難，跟著你們的爺爺殺了三年牛，開腸破肚反而都是我做的，在犯病的時候，先開始感覺是刀刺，後來才曉得，是牛角在刺我」。唉，真是讓人深思啊。如今奶奶一切正常，專心念佛求生西方淨土。

高居士 63歲，患骨質增生，疼痛難忍，手術後可能殘疾。高居士是99年犯的重病，最嚴重的時候三個月下不了地，疼得黑夜都不能睡。醫生診斷，腰椎骨內長了肉芽（骨質增生），手術做不好可能會殘廢。高居士非常痛苦。後來一個居士建議她信佛念佛，2000年6月19日高居士皈依了，曾專念《阿彌陀經》，後改《無量壽經》，病情雖然有所緩和，但還是沒有痊癒。前年（2003年）冬季，有居士建議她誦讀《地藏經》：「你的業障太重，這個病應該是你前世的業障現前了，讀《地藏經》可以消除自己的業障……。」高居士就開始誦讀《地藏經》。後來曾得到地藏菩薩的感應夢，使自己讀經的信心堅定了。

隨著居士間的交流，漸漸的明白了——哪部經都好，都是

非常殊勝的，但《地藏經》在消除現世的業障方面更為殊勝，更為應機。在我們修行的過程中，如果得了重病，或是出現諸多障礙，這些都是業障重的表現。我們不能因此而失掉學佛的初心，更不能懷疑佛法。應該清楚的認識，這諸多障礙都是因為自己往昔所造的罪業，如今因緣成熟而業障現前了，應該勇敢面對，精進念佛誦經，功德迴向累世冤親債主，真誠懺悔，這才是消除業障的正確方法。高居士的感應夢中，地藏菩薩也正是如此勸導她誦持《地藏經》，消除眼下的業障，最終能順利求得西方淨土的。如今的高居士，通過一年多的時間來持誦《地藏經》，骨質增生重病已經徹底好了，周圍的鄰居、朋友們都非常驚奇，非常佩服高居士。

《山西小院》錄片採訪內容摘錄 第四集

冉居士 60歲，老母親身患絕症食道癌，自己患腰椎間盤膨出，無法醫治。冉居士是89年全家皈依佛門的，但只是形式上的皈依，生活上也沒有什麼改變，也不怎麼念佛，不是一個如法的皈依的佛弟子。91年母親得了絕症，通過大同市醫院專家診斷核實後，得的是食道癌。食道癌的病人所受痛苦應該是很大的，母親也知道，結果決定放棄一切治療，一心念佛求往生西方。由於沒有文化，不能誦經，只是念佛打坐。

母親打坐很有功夫，打坐的時候就好像木雕一樣，就連出氣都是非常細微的，一般人都很難察覺。她打坐最短也在三個小時以上，最長要坐六個小時。平時她老人家就是打坐念佛，念佛打坐，維持她在五年當中沒有疼過，食道癌其實應該是很疼的一種疾病。生活上，她老人家還能自己照顧自己，這五年裡沒有讓人喂過飯、喂過藥。她走得也很安詳。

冉居士深受母親的影響，開始讀經了。開始的時候誦的是《妙法蓮華經》，誦了將近三年，沒有什麼感應。後來加了一部《金剛經》，讀了半年時間。後來自己得了一場重病，醫生診斷是腰椎三四五椎椎間盤膨出，一到五椎全部增生，同時壓迫坐骨神經。當時不知道用佛法來解決，只想通過醫學來治療。做牽引連續做了三十多次，還附加烤電、針灸和打封閉。但是病情只有嚴重，最後再也下不了床了。冉居士這段時間看了一些老法師的《地藏經講記》，同時也得到了善知識的指點，開始讀誦《地藏經》。

善知識建議他說：「你原來讀誦的《法華經》、《金剛

經》都是大乘經典，都是好經，但是你在佛學上沒有基礎，這些經典越讀，你的業障來得越快。你誦讀這些大藏經的目的，其實就是想往生西方極樂世界，但是在你生生世世以來，你造過多少業，造過多少罪，造過多少殺業，殺過多少生。這些冤親債主他們不會放過你，他要找你算帳。所以正是因為讀這個大乘經典，業障現前，得了這種病……」。最後冉居士就改誦《地藏經》，一天保證一部《地藏經》，然後就是地藏王菩薩聖號一萬聲，除此以外《地藏經講記》光碟每天都看。

因為冉居士躺在床上不能動，誦經念佛的時間比較充分，想睡覺又疼得不能睡，所以這段時間很精進。也就是一個禮拜之後，開始就有感應了，能翻身了，只要有人幫助，上身衣服脫不了，起碼下邊毛褲能脫掉。自己非常的高興，所有藥都不用了，就是讀誦《地藏經》，二十多天的時候，這個效果就更好了，他們扶著起來能換換衣服了。現在已經全好了，沒有任何病痛的地方。

採訪的時候，冉居士精神矍鑠，非常健康。冉居士的忠告：「為自己負責，也為你的家人負責，這佛門的路是必定要走的，一定要走的。阿彌陀佛！」冉居士有個佛化家庭，全家人包括小孫子都信佛學佛，讀誦《地藏經》，人人做好人，行好事。他們全家經常團聚在一起誦經，互相督促。

郭居士 54歲，遇到重病而無法走路的鄰居。郭居士信佛已經七、八年了，不過以前信佛心不誠，上香、磕頭只局限在形式上，對佛法認識還很膚淺。從去年開始才心誠了，接觸了《地藏經》，悟出了很多佛理，也懂得了誦經是可以治病的，非常高

興，對於窮人來說，這可省多少錢啊！郭居士就開始誦讀《地藏經》，先開始的確費了很多苦功，由孩子慢慢的領讀，終於學會了。郭居士同一棟樓裡有一個同志，他得病已經十多年了，到處看病，花了很多錢，可是這個病就是治不好，而且還越來越重，最近這兩三年就更重了，看上去挺胖的一個男同志，40來歲，可是他就是走不了路，能吃能喝的，就是走不了路，走個十來步他就得停下來緩一緩。郭居士就想起幫這個同志治一下病。她們一起同修的七八個居士，每次誦經後都迴向這個病人，同時勸他一起修學佛法，勸他們全家人都念佛誦經。兩個多月就有改善，四個月後，病人已經恢復得非常好了。

陳居士 59歲，表哥是貧困的殘疾人，並且患上食道癌絕症。陳居士皈依佛門十多年了，但是對佛法的認識一直很模糊。真正開始深信佛法是從她為表哥助念送往生的時候開始的。表哥是個殘疾人，吐字不清，人又窮，沒結過婚，很苦很可憐。平常勸他念佛，他也不信。後來病了，找到陳居士，領他去醫院檢查，診斷為食道癌。陳居士這下著急了，由於食道癌沒有什麼好的治療方法，所以陳居士想到了用佛法來幫助表哥，勸表哥皈了依，強制他念佛。陳居士念佛拜佛非常精進，只有一個念頭，求阿彌陀佛，如果表哥陽壽到了，把他接走，把他送到西方，他這一生挺苦，叫他出輪迴。陳居士誠心拜佛念佛好些天，並且在表哥過世後的幾天裡仍然誠心念佛，誦持《地藏經》，終於得到了佛菩薩的感應。通過送表哥往生的這件事，既幫助了別人，又成就了自己，使自己從內心裡深信佛法了。

　　段居士 54 歲，睡覺時常常受到驚嚇（魘夢）。很多醫學專家都可以解釋魘夢，一個人如果偶爾有魘夢，也無需大驚小怪，但如果經常性的魘夢卻不是那麼簡單了。段居士就是如此，經常性的魘夢讓她痛苦不堪，就連家裡有人的時候，睡覺也是害怕。魘夢的時候，段居士就念佛、念觀音；但是如果某天不念，那天晚上又有可能發生魘夢。後來，段居士發心念誦了百卷《地藏經》，從那以後，魘夢就消失了。不知道從醫學角度上這又如何解釋呢？

　　王居士 31 歲，非常孝順的兒媳婦，兩年前，她的公公車禍後，頭部開顱手術昏迷，傷勢非常危急。王居士從小就信佛，常常誦《阿彌陀經》，當時熟練得可以背誦。如今工作繁忙，只誦持《心經》。王居士的公公昏迷的日子裡，心神不安的她想到念佛來祈求奇蹟的發生。後又經善知識的建議，加誦《地藏經》。由於王居士的真誠心，雖然其公公曾出現瞳孔放大等病危症狀，但二十二天後，還是最終清醒過來了，之後又堅持誦持了四十九天《地藏經》。其公公八個月後已經又開始上班了，可見恢復得很快也很好。王居士的愛人如今也真誠的信佛了。

《山西小院》原紀錄片採訪內容摘錄 第五集

　　孟居士 54歲，思念去世的父親，繼續盡孝，爲老人家念佛超度。曾一時難過，想到自殺。後來又患上了很難治療的過敏性紫癜（類似白癜風疾病）。孟居士的父親去世前曾癱瘓，住院四個月，在家四個月，病人非常痛苦，哭天喊地的，吵鬧得左鄰右舍三更半夜也不能睡覺，家人也非常揪心。有個鄰居是學佛的，指點了孟居士。她就到廟上去求佛菩薩：「如果父親的病能好，就讓他快些好；要走，就走得安詳些。父親一生非常坎坷，從小遭罪，到老受苦，拉扯我們子女六個，非常不容易……」求願當天的傍晚六點，父親就去世了。由於心情不好，經人指點，又念了七天地藏王菩薩聖號，得菩薩的感應夢，後皈依佛門。2002年由於生活不順，心情抑鬱，想到自殺，此時又得地藏菩薩的感應，有所覺悟，深感佛恩。後又患過敏性紫癜，非常纏手難治。孟居士就向地藏菩薩祈願：「願將治病吃藥的錢放生、印經書……」。後又發願念誦五十部《地藏經》，滿願後又誦了兩個月《地藏經》，沒吃藥，病也就痊癒了。孟居士希望信不信佛的人，都能好好讀讀這部被稱作佛門孝經的《地藏經》。

　　董居士 65歲，患膽結石、頭暈、心率不齊等疾病。董居士是95年入的佛門，頭幾年學佛很隨意，偶爾念念佛號。這幾年，由附近居士們的影響，開始誦讀《無量壽經》，如今能夠背誦整部佛經。平常保證念兩萬聲佛號和一部《無量壽經》來做自己每日修學的課程。董居士平常有胃疼病，有一次胃疼得厲害，

後去醫院檢查，才知道實際上是膽結石，3.2*3.2釐米大，醫生讓住院做手術。由於疼痛厲害，她就精進念佛，行住坐臥都在念，雖然當時也打了點止痛針，一天一夜後，竟然不怎麼疼了。之後更是用功精進，把病房當作修學的道場，疼不疼的時候都在專心念佛。當做手術的日期臨近時，董居士已經完全不疼了，所以就放棄了動手術，私下決定出院了。

回家後仍然精進念佛。三個月後去醫院複查，結果結石不翼而飛。醫生問董居士：「是不是吃什麼好藥了？」「我就是誠心的念佛！」此件事之後，全家人有一半都信佛了，並且不信佛的老伴也不反對董居士信佛，還專門整理出一個房間做佛堂。另外一件事是去年開始出現頭暈，醫院檢查是高血壓，且壓差過大，開了些藥。董居士仍然想用念佛的方法來對治此病。後來接觸了冉居士，開始讀誦《地藏經》，消除自己的業障。董居士從那以後，每日主課修《無量壽經》和《阿彌陀經》，副課加修《地藏經》。如今頭也不暈了，而且以前的心率不齊也消失了。

董居士勸告大家，不要盲目的排斥佛法，認為那是迷信，其實佛法是讓人破迷開悟、離苦得樂的教育，佛法不離世法，世法也證佛法，是統一的。最後，董居士採用黃念祖老居士的十六字進程作為結束語：「理明、信真、願切、行端、功純、業淨、妄消、真現」。

劉居士 62歲，原來家庭不和。修學佛法實際上就是修心，自己性格變得柔和了，處事待人多想著別人，自然會得到周圍人的尊敬。但人際關係、家庭關係都是非常複雜、非常難處的，並不是以個人能力就能輕易轉變的。劉居士不識字，專心念佛，勤

修佈施。學佛後，家裡人團結了、和睦了。她非常感謝佛菩薩。

蔣居士 83歲，耳不聾，眼不花，能走五、六里的山路，去護持寺廟裡的法師。蔣老居士已經誦讀《地藏經》三年了，她誦《楞嚴咒》、《彌陀經》有二十幾年了，身體非常硬朗，腰腿也很靈便。

劉居士 67歲，恪守孝道，超度親人。劉居士是北京郊區房山人。深知《地藏經》爲佛門大孝經，勸告大家要爲自己身邊每位新亡人念此佛經，以便超度亡人，使其往生西方極樂世界。劉居士本人就是如此恪守孝道，發心爲所有生生世世父母、歷代宗親、冤親債主等眾誦經念佛，願其早生西方淨土。劉居士發願很大，並得到佛菩薩的加持，每次在地藏菩薩像前誦經，她都痛哭流涕。

劉居士詳細講述了誦《地藏經》超度父親和叔叔的經過。她父親生前是公安處處長，扛搶打仗出身，不信佛且對女兒信佛非常不理解。但她仍然在父親臨終後堅持誦讀了四十九天的《地藏經》，並發心讀誦百部，使中陰身的父親能夠直接受益。誦經同時，也去寺廟放焰口、放齋、佈施等諸多善事，將其功德迴向父親，終得感應夢。後來，在中國人民大學上班的叔叔也去世了，劉居士同樣盡孝。曾去五臺山超度叔叔的亡魂。眞誠的孝心自然得到佛菩薩的加持，感應夢中告知叔叔和父親的去向——往生西方。

王居士 52歲，她72歲的老媽媽在去年八月份突然腦溢血，

病情非常重，醫院已經發出病危通知。與院方配合治療的同時，家人都虔誠念佛，誦讀《地藏經》，以祈求媽媽能夠轉危為安。後來，三十六天就出院了。在家中，仍然堅持念佛誦經，老人也沒有怎麼吃藥，但手慢慢的能動了，也能下地走了，病情恢復得非常理想。如今採訪時，王居士的老媽媽正坐在她的身邊，還講述了自己的肺腑之言。老人家的兩個女兒仍然繼續給她念《地藏經》，每到齋日就放《地藏經》的影音，而老人家自己專心念佛，求生淨土。難能可貴的是，老人深深懂得因果理論，常常檢討自己，懺悔業障。六道輪迴挺苦，老人勸所有的病人趕快念阿彌陀佛，求生淨土，放下眼前的一切，專心念佛。老人如今仍然堅持做早晚課，非常虔誠。病前的記憶基本恢復，並當場背誦了一大段阿彌陀佛四十八願。

顧居士 65歲，腿疼不能走路，家庭有時不和睦。以前顧居士不信佛，認為念佛、佈施都是愚蠢的。自從接觸《地藏經》後，這種觀念才得以改正。到如今，顧居士學《地藏經》已有兩年時間了，自己感覺受益匪淺。體會最深的就是自己性格的改變，以及疾病的消除，並帶動四個女兒都學《地藏經》。顧居士腿疼的毛病從去年開始，最厲害時連地都下不了。顧居士學佛精進，懂得疾病就是消業的理論，所謂「大病大恭喜，小病小恭喜」，因而更虔誠的誦經念佛。終得地藏菩薩的感應夢，當天既能下地了，因此更堅定了她學佛的信心。

此外給她感覺最深的就是，自從學佛後，家裡很多事情都變得順利，無論是工作上還是生活中。顧居士的侄子是個司機，以往他的工資常常被拖欠，甚至不給。在顧居士的帶動下，這個

侄子也堅持讀誦《地藏經》，非常認眞。慢慢的，侄子的境況就有很大轉變。另外一個，就是家裡不和睦。因爲顧居士女兒多，所以兒媳有時會覺得老人偏心，常鬧彆扭。自從顧居士讀誦《地藏經》之後，兒媳對信佛也很贊同，並且婆媳關係明顯改善，也比以前孝順了很多。顧居士眞心奉勸大家要誠懇誦讀《地藏經》，一定會得到眞實利益的。

　　張居士 59 歲，患有牛皮癬、膽囊炎，還遭遇過可能搶劫她的司機。張居士在大同監獄上班，是公安系統的。她患有牛皮癬皮膚病，每次犯病後，都要花去四五千元，雖然單位能夠報銷一部分，但經濟上還是有很大的損失。有一次連著七天做同樣一個感應夢，她就去廟上求解，從此信佛，開始修學《地藏經》。四個月後，牛皮癬逐漸的痊癒了，沒有再犯。與此同時，慢性膽囊炎病也消失了，身體特別健康。這是第一個讓她覺得佛法不可思議的地方。

　　張居士又談了些自己誦讀《地藏經》時的境界。接著又講述了自己一次險些被搶劫的經歷。由於工作的要求，張居士要打個計程車，司機可能是看她包裡鼓鼓的而動了邪念。當然，這是她事後的推斷。本來司機應該走大路，可他偏選擇偏僻的土路行駛。當時張居士就問了一句：「你怎麼走這條路呢？」「這條路人少……」，司機含糊的回答。「現在是早上五點多鐘，大路上也應該沒有人啊？！」司機也沒理她。張居士有所警覺，心裡就默念地藏菩薩。過了一段時間，司機自動的將車又開會大路上來了。司機卻意外的說：「哎！我往這條路走，怎麼自己車就返回來了？」這是張居士去年十二月份親身經歷的一件事情。最後講

述了今年正月十二夜裡被冤親債主討擾的事情，張居士仍然是憑藉點香念佛而平息的此事。

劉居士 59 歲，其姐夫心臟病去世。家裡人以及鄰近的居士都幫著助念，第二天夜裡，外甥女瞌睡中，見到她父親跟著一個手裡托塔的高大出家人後面，非常高興。後來曉得，那是藥師佛。因為劉居士的姐夫是個醫生，姐姐平時常誦《地藏經》，姐夫曾說：「我去世後要跟藥師佛走，我是學醫的……」劉居士勸大家都要幫助臨終人助念，冥陽兩利。

李居士 43 歲，她用佛法教育兒子小齊。如今兒子小齊居士 15 歲，正上初中。李居士學佛已有二十多年。在兒子小學畢業後，擔心小齊假期過於輕鬆，怕他在社會上容易學壞，所以教他學《地藏經》。李居士的丈夫也非常支持她們。到如今，小齊在孝順方面、生活方面、學習方面都改善了很多，令家人非常欣慰。

國家圖書館出版品預行編目資料

地藏菩薩本願經修學心要集 / 妙禮法師著. -- 初版. -- 新北市：
華夏出版有限公司, 2024.07
　面；　　公分. - -（圓明書房；068）
ISBN 978-626-7393-71-0（平裝）
1.CST：方等部 2.CST：佛教修持

221.36　　　　　　　　　　　　　　　　113006445

圓明書房　068

地藏菩薩本願經修學心要集

著　　作　妙禮法師
出　　版　華夏出版有限公司
　　　　　220 新北市板橋區縣民大道 3 段 93 巷 30 弄 25 號 1 樓
　　　　　電話：02-32343788　傳眞：02-22234544
E - m a i l　pftwsdom@ms7.hinet.net
印　　刷　百通科技股份有限公司
　　　　　電話：02-86926066　傳眞：02-86926016
總 經 銷　貿騰發賣股份有限公司
　　　　　新北市 235 中和區立德街 136 號 6 樓
　　　　　電話：02-82275988　傳眞：02-82275989
　　　　　網址：www.namode.com
版　　次　2024年7月初版一刷
定　　價　新台幣 300 元　（缺頁或破損的書，請寄回更換）

ISBN-13：978-626-7393-71-0
《地藏菩薩本願經修學心要集》由妙禮法師授權華夏出版有限公司
出版繁體字版
尊重智慧財產權‧未經同意請勿翻印 (Printed in Taiwan)